LA NUEVA REGULACIÓN EN LA UNIÓN EUROPEA SOBRE OBTENCIÓN TRANSFRONTERIZA DE INFORMACIÓN ELECTRÓNICA EN PROCESOS PENALES

Análisis y valoración del «*e-evidence package*»

Este trabajo es resultado del Proyecto financiado por el Ministerio de Ciencia, Innovación y [illegible] Agencia Estatal de Investigación [illegible] así como del Grupo de Investigación [illegible] procesales y Unión Europea de la Universidad de Valladolid.

Fue realizado en parte durante una estancia de investigación en el Institut für Strafrecht und Strafprozessrecht de la Universidad de Freiburg (Alemania), agradezco [illegible] a los Profesores W. Perron y M. Pawlik la acogida dispensada.

Este trabajo es resultado del Proyecto financiado por el Ministerio de Ciencia, Innovación y Universidades, Agencia Estatal de Investigación: «*Proceso penal y Unión Europea. Análisis y propuestas*» —PID2020-116848GB-100—, así como del Grupo de Investigación Reconocido «*Garantías procesales y Unión Europea*», de la Universidad de Valladolid.

Fue realizado en parte durante una estancia de investigación en el *Institut für Strafrecht und Strafprozessrecht* de la Universidad de Freiburg (Alemania). Agradezco muy sinceramente a los Profesores W. Perron y M. Pawlik la acogida dispensada.

MONTSERRAT DE HOYOS SANCHO
Catedrática de Derecho Procesal de la Universidad de Valladolid

LA NUEVA REGULACIÓN EN LA UNIÓN EUROPEA SOBRE OBTENCIÓN TRANSFRONTERIZA DE INFORMACIÓN ELECTRÓNICA EN PROCESOS PENALES

Análisis y valoración del «*e-evidence package*»

ARANZADI

Editorial Aranzadi, S.A.U.
C/ Collado Mediano, 9
28231 Las Rozas (Madrid)
Tel: 91 602 01 82
e-mail: clienteslaley@aranzadilaley.es
https://www.aranzadilaley.es

Primera edición: Junio 2024

Depósito Legal: M-13668-2024
ISBN versión impresa: 978-84-10295-78-0
ISBN versión electrónica: 978-84-10295-79-7
Incluye soporte electrónico

Diseño, Preimpresión e Impresión: Editorial Aranzadi, S.A.U.
Printed in Spain

A mis hijas, que ya casi vuelan solas, gracias por tantas alegrías compartidas.

A mi madre, in memoriam, gracias por cuidar siempre de todos nosotros con tanto cariño, sensatez e infinita generosidad, hasta tus últimos días.

Índice General

Página

I
Introducción

Con fecha 28 de julio de 2023 vio finalmente la luz en el Diario Oficial de la Unión Europea el conocido como «paquete *e-evidence*»; es decir, el *Reglamento (UE) 2023/1543 del Parlamento europeo y del Consejo, de 12 de julio de 2023, sobre las órdenes europeas de producción y las órdenes europeas de conservación a efectos de prueba electrónica en procesos penales y de ejecución de penas privativas de libertad a raíz de procesos penales*, acompañado de la *Directiva (UE) 2023/1544, del Parlamento europeo y del Consejo, de 12 de julio de 2023, por la que se establecen normas armonizadas para la designación de establecimientos y de representantes legales a efectos de recabar pruebas electrónicas en procesos penales.*

Este importante conjunto normativo comenzó su andadura con la presentación el 14 de abril de 2018 por parte de la Comisión europea de la *Propuesta de Reglamento del Parlamento europeo y del Consejo sobre las órdenes europeas de entrega*[1] *y conservación de pruebas electrónicas a efectos de enjuiciamiento penal*[2].

Por lo tanto, más de cinco años han tardado las instituciones de la Unión, tras escuchar a los representantes de los Estados miembros y a los distintos colectivos interesados, en alcanzar un acuerdo sobre los que finalmente han resultado ser los textos que regularán esta materia.

Todo ese tiempo empleado en los trílogos y negociaciones varias, en el tenso debate mantenido en ocasiones entre los distintos interlocutores

1. Mucho más acertada esta denominación «*órdenes de entrega*», que la finalmente adoptada en la versión final del Reglamento «*órdenes de producción*», pues realmente no se «produce» nada, sino que se entrega o remite la información electrónica solicitada, que ya tiene previamente almacenada el proveedor de servicios. No obstante, en italiano también «*ordine europei di produzione*», como en francés «*injonctions européennes de production*», o en portugués «*ordens europeias de produção*»; en alemán, más correctamente, se hace referencia a una orden *de entrega*: «*Europäische Herausgabeanordnungen*».
2. Documento COM (2018), 225 final.

institucionales[3] y los representantes de los grupos de interés[4] sobre los puntos más controvertidos de las sucesivas propuestas, discusiones estas sobre las que ha ido dando cuenta también la doctrina nacional[5] y extran-

3. Fundamental para comprender el texto finalmente acordado, la lectura del *Informe sobre la Propuesta de Reglamento del Parlamento europeo y del Consejo sobre las órdenes europeas de entrega y conservación de pruebas electrónicas a efectos de enjuiciamiento penal*, elaborado por la Comisión de Libertades Civiles, Justicia y Asuntos de Interior del Parlamento europeo, Ponente: Birgit Sippel, COM (2018)0225 –C8-0155/2018– 2018/0108(COD).
4. Muy valiosas las aportaciones de la Abogacía europea; *vid*. COUNCIL OF BARS AND LAW SOCIETIES OF EUROPE –CCBE–: *Posición del CCBE sobre la Propuesta de Reglamento de la Comisión sobre las Órdenes europeas de entrega y conservación de pruebas electrónicas a efectos del enjuiciamiento penal*, de 19 de octubre de 2018; o las de FAIR TRIALS: *Position Paper: The new proposed EU Production and Preservation Orders*, mayo 2018, y *Consultation Paper: E-evidence Position Paper*, febrero 2019. *Vid*. también las críticas y propuestas formuladas por el SUPERVISOR EUROPEO DE PROTECCIÓN DE DATOS en su *Dictamen sobre las propuestas relativas a las órdenes europeas de entrega y conservación de pruebas electrónicas a efectos de enjuiciamiento penal*, DOUE 31-1-2020, C 32/11.
5. En publicaciones previas me he ocupado de ir analizando y valorando cómo evolucionaban las negociaciones entre los actores implicados, así como las distintas versiones de la Propuesta de Reglamento que hemos ido conociendo a lo largo de los últimos años, por lo que en el presente trabajo me centraré en el estudio de los textos normativos del «paquete *e-evidence*» finalmente aprobados y publicados. Sobre las Propuestas pueden consultarse los siguientes trabajos: DE HOYOS SANCHO, M.: «Novedades en materia de obtención transfronteriza de información electrónica necesaria para la investigación y enjuiciamiento penal en el ámbito europeo», *Revista de Estudios Europeos*, 1-2023, pp. 99 y ss.; y anterior, DE HOYOS SANCHO, M.: «Reflexiones acerca de la propuesta de Reglamento UE sobre las órdenes europeas de entrega y conservación de pruebas electrónicas a efectos del enjuiciamiento penal», *Revista General de Derecho Procesal*, núm. 58, 2022, pp. 1 y ss. *Vid*. también GÓMEZ AMIGO, L.: «Las órdenes europeas de entrega y conservación de pruebas penales electrónicas», *Revista Española de Derecho Europeo*, núm. 71, 2019, pp. 23 y ss.; FUENTES SORIANO, O.: «Europa ante el reto de la prueba digital. El establecimiento de instrumentos probatorios comunes: las órdenes europeas de entrega y conservación de pruebas electrónicas», en *Era digital, sociedad y derecho*. O. Fuentes Soriano (Dir.), Valencia, Tirant lo Blanch, 2020, pp. 281 y ss.; BUENO DE MATA, F.: «Análisis de las medidas de cooperación judicial internacional para la obtención de pruebas en materia de cibercrimen» en *La transformación digital de la cooperación jurídica internacional*, L. Fontestad (Dir.), Cizur Menor, Aranzadi, 2021, pp. 19 y ss.; TINOCO PASTRANA, A.: «Las órdenes europeas de entrega y conservación: la futura obtención transnacional de la prueba electrónica en los procesos penales en la Unión Europea», *Cuadernos de política criminal*, núm. 135, 2021, pp. 203 y ss.; LARO GONZÁLEZ, E.: «El Reglamento E-evidence: instrumento adicional a la Orden europea de investigación», *La Ley Probática*, núm. 3, 2021, pp. 1 y ss.; BUJOSA VADELL, L.: «Cooperación judicial para la obtención y transmisión de pruebas electrónicas», en *A vueltas con la transformación digital de la cooperación jurídico penal internacional*, L. Fontestad (Dir.), Cizur Menor, Aranzadi, 2022, pp. 79 y ss.

jera[6], los esfuerzos realizados en la redacción y coordinación de las numerosas reformas al articulado que se han ido proponiendo por cada una de las instituciones implicadas en su elaboración, dan buena muestra de la importancia y complejidad del objeto de esta regulación afrontada por las instituciones de la Unión Europea: la conservación y entrega de pruebas electrónicas —*rectius*, de información o datos electrónicos[7]— a los efectos de un proceso penal. Es decir, de los datos de abonados, de tráfico o de

---

6. MITSILEGAS, V.: «The privatization of mutual trust in Europe's area of criminal Justice: The case of e-evidence», *Maastricht Journal of European and Comparative Law*, 2018, pp. 263-265; GIALUZ, M. y DELLA TORRE, J.: «Lotta alla criminalità nel cyberspazio: la Commisione presenta due proposte per facilitare la circolazione delle prove elettroniche nei processi penali», *Diritto Penale Contemporaneo*, núm. 5, 2018, pp. 277-294; BURCHARD, Ch.: «Der grenzüberschreitende Zugriff auf Clouddaten im Lichte der Fundamental prinzipien der internationalen Zusammenarbeit in Strafsachen», Partes 1 y 2, respectivamente en *ZIS*, 6/2018, pp. 190 y ss., y *ZIS*, 7-8/2018, pp. 249 y ss.; DE BUSSER, E.: «EU-US Digital Data Exchange to Combat Financial Crime: Fast is the New Slow», *German Law Journal*, Vol. 19, Issue 5, 2018, pp. 1251-1267; DANIELE, M.: «L'acquisizione delle prove digitali dai service provider: un preocupante cambio di paradigma nella cooperazione internazionale», *Riv. Bras. Dir. Proc.*, 2019, pp. 1277-1295; BÖSE, M.: «Der Kommissionsvorschlag zum transnationalen Zugriff auf elektronische Beweismittel -Rückzug des Staates aus der Rechtshilfe?», *KriPoZ*, 3/2019, pp.140 y ss.; CARRERA, S., STEFAN, M. Y MITSILEGAS, V. (Coords.): Informe presentado en octubre 2020 por el CEPS-QMUL *Task Force*, Centre for European Policy y Queen Mary University of London, *Cross-border data access in criminal proceedings and the future of digital justice. Navigating the current legal framework and exploring ways forward within the EU and across the Atlantic*; TOSZA, S.: «All evidence is equal, but electronic evidence is more equal than any other: The relationship between the European Investigation Order and the European Production Order», *New Journal of European Criminal Law*, vol. II (2), 2020, pp. 161-183; TOSZA, S.: «Internet service providers as law enforcers and adjudicators. A public role of private actors», *Computer Law & Security Review*, 43, 2021, pp. 1-17; UNTCH, Ch.: «(Inter-) Nationale Strafverfolgung in der Cloud?», *KriPoZ*, 6/2022, pp.420 y ss.
7. A nuestro juicio, más que de «pruebas electrónicas» debería hablarse de «información electrónica», pues lo que se pide a los prestadores de servicios son *datos*, ya sean de abonados, de tráfico o de contenido. *Vid.* la propia definición de «pruebas electrónicas» contenida en al art. 3, apdo. 8º del Reglamento 2023/1543: «*"pruebas electrónicas": los datos de los abonados, datos de tráfico o datos de contenido almacenados por un prestador de servicios, o en nombre de un prestador de servicios, en formato electrónico, en el momento de la recepción de un certificado de orden europea de producción (EPOC, por sus siglas en inglés de European Production Order Certificate) o de un certificado de orden europea de conservación (EPOC-PR, por sus siglas en inglés de European Preservation Order Certificate)*». De hecho, esta cuestión de la denominación fue una de las primeras observaciones que se formularon en el citado Informe de la Comisión LIBE del Parlamento europeo. Como ya destacara LARO GONZÁLEZ, E.: «Prueba penal transfronteriza: de la orden europea de investigación a las órdenes europeas de entrega y conservación de pruebas electrónicas», *Revista de Estudios Europeos*, núm. 79, 2022, pp. 285-303, esp. p. 291, en

contenido que almacenan los proveedores de servicios de comunicaciones electrónicas y los prestadores de servicios de la sociedad de la información que facilitan la interacción *on-line* entre usuarios[8] —PSI en lo sucesivo[9]—, los cuales se encuentran radicados en otro Estado de la Unión, distinto de aquel en el que se desarrolla la investigación o el proceso penal.

Una parte de esta información electrónica ya se viene obteniendo desde hace años de los PSI a petición de las respectivas autoridades nacionales competentes, en gran medida a través de la cooperación voluntaria directa de los PSI[10], con fundamento en el compromiso de asistencia mutua —*mutual legal assistence*— recogido en distintos instrumentos internacionales[11],

---

este instrumento «se está abordando una modalidad concreta de prueba electrónica –datos electrónicos– y no la prueba electrónica en su conjunto».

8. El Considerando 27º del Reglamento aclara que éste se aplicará a ambos grupos. Los servicios de comunicaciones electrónicas se definen en la Directiva (UE) 2018/1972, e incluyen servicios de comunicaciones interpersonales tales como servicios de voz sobre IP, de mensajería instantánea y correo electrónico. También se aplicará este Reglamento a otros prestadores de servicios de la sociedad de la información en el sentido de la Directiva (UE) 2015/1535, que ofrecen a sus usuarios la capacidad de comunicarse entre sí o que servicios que puedan utilizar para almacenar o tratar datos de otro modo en su nombre, es decir, creación o manipulación de datos mediante la capacidad de procesamiento de un ordenador.
9. La documentación en lengua inglesa emplea el acrónimo OPS: *Online Service Providers.*
10. *Vid.* el Informe SIRIUS 2023, *5th. Annual Sirius EU Electronic Evidence Situation Report*, elaborado por la European Union Agency for Law Enforcement Cooperation, con la colaboración e Europol, Eurojust y European Judicial Network, publicado en La Haya en noviembre 2023, esp. pp. 8 y ss.: La cooperación voluntaria entre las fuerzas y cuerpos de seguridad y los proveedores de servicios se ha convertido en la solución preferida para la obtención de datos que no son de contenido. El volumen de este tipo de peticiones ha aumentado notablemente con los años, si bien sigue careciendo de la necesaria claridad jurídica para las partes implicadas. Las novedades normativas en este ámbito, como el paquete *e-evidence* UE están llamadas a disipar las ambigüedades que rodean estos canales de cooperación voluntaria.
11. Principalmente haciendo uso de la llamada «*orden de presentación*» en relación con los datos de abonados, tal y como se enuncian el art. 18 del Convenio de Budapest sobre Cibercrimen, suscrito en el marco del Consejo de Europa con fecha de 23 de noviembre de 2021, y cuya operatividad en este ámbito abordaremos *infra*. Importante tener en cuenta también, por lo que respecta a las relaciones con proveedores de servicios que tienen su sede en EE.UU., el Convenio bilateral sobre asistencia jurídica mutua, en el marco del Acuerdo de asistencia judicial entre la Unión Europea y los Estados Unidos de América, firmado el 25 de junio de 2003, DOUE 19.7.2003, que permite la cooperación directa voluntaria de los PSI en relación con peticiones de datos de abonados, o incluso de tráfico. *Vid. Guía Práctica sobre preservación y obtención en Estados Unidos de datos de Internet*, esp. p. 69, en su versión de 2019, parcialmente actualizada en 2021 y elaborada por la Magistratura de Enlace de España en Estados Unidos.

y también más recientemente en el ámbito UE haciendo uso de uno de los más importantes instrumentos de cooperación transfronteriza basado en el reconocimiento mutuo de resoluciones judiciales: la Orden Europea de Investigación —OEI en lo sucesivo—.

En la Directiva OEI[12] se hace mención expresa a la posible obtención de información transfronteriza sobre titulares de un número de teléfono o de una dirección IP concreta, y no se descarta que se puedan emplear estas Órdenes para la obtención de otro tipo de datos electrónicos almacenados por los proveedores de servicios que fueran necesarios para la investigación y prueba de hechos delictivos. *Vid.* art. 10.1.e) de la referida Directiva.

Sin embargo, la OEI resulta ser a todas luces un instrumento insuficiente y demasiado lento[13] cuando lo que se necesita obtener concretamente es información electrónica que almacenan los PSI con establecimiento en otros Estados distintos de aquel en que se sigue la investigación, incluso fuera de la Unión.

Tal información electrónica es volátil y frágil por sus propias características técnicas, ya que su contenido se puede eliminar o alterar con relativa facilidad. Además, los plazos de entrega de la información requerida haciendo uso de la OEI, si bien son mucho más cortos que los que se necesitaban

12. Directiva 2014/41/CE del Parlamento europeo y del Consejo, de 3 de abril de 2015, relativa a la orden europea de investigación en materia penal, DOUE 1-5-2014, L. 130/1. Transpuesta al ordenamiento español por Ley 3/2018, de 11 de junio, incorporando el instrumento OEI en el Título X de la Ley 23/2014, de 20 de noviembre, de reconocimiento mutuo de resoluciones penales en la Unión Europea. Sobre este instrumento, *vid.* ARANGÜENA FANEGO, C.: «Orden europea de investigación: próxima implementación en España del nuevo instrumento de obtención de prueba penal transfronteriza», *Revista de Derecho Comunitario Europeo*, núm. 58, 2017, pp. 905 y ss.; LLORENTE SÁNCHEZ-ARJONA, M.: *La orden europea de investigación y su incorporación al ordenamiento español*, Tirant lo Blanch, Valencia, 2020, pp. 111 y ss.; LARO GONZÁLEZ, E.: *La Orden Europea de Investigación en el espacio europeo de justicia*, Tirant lo Blanch, Valencia, 2021; DOMINGUEZ RUIZ, L.: *La orden europea de investigación*, Tirant lo Blanch, Valencia, 2019, y más recientemente «Obtención de prueba penal transfronteriza en la UE: la orden europea de investigación», en *Proceso penal europeo: últimas tendencias, análisis y perspectivas*, Dirs.: A. Hernández y E. Laro, Cizur Menor, Aranzadi, 2023, pp. 177 y ss.
13. Así lo han destacado ya, entre otros, DE BUSSER, E.: «EU-US Digital Data…», *op. cit.*, pp. 1251 y ss., esp. pp. 1266 y 1267, quien se refería al «*fast-track line*» del nuevo sistema de obtención de pruebas digitales. *Vid.* también BUENO DE MATA, F.: «Análisis de las medidas de cooperación…», *op. cit.*, esp. p. 27; LARO GONZÁLEZ, E.: «Luces y sombras de la Orden Europea de Investigación», *Revista de Estudios Europeos*, 1-2023, pp. 129 y ss. esp. 132.

para la cooperación internacional tradicional, siguen siendo demasiado largos en la práctica[14].

En el sistema OEI está previsto que, salvo en casos graves o urgentes, la autoridad de ejecución deberá adoptar la resolución de reconocimiento o ejecución «*a más tardar en 30 días después de la recepción de la OEI*», y deberá llevar a cabo tal medida de investigación sin demora «*a más tardar 90 días después*». *Vid.* art. 12 Directiva OEI.

De otro lado, si bien los plazos máximos de conservación de esa información por los PSI están en cierta medida limitados por la normativa UE y por la jurisprudencia del TJUE[15], y correlativamente por los PSI a la vista

14. Si consultamos el informe publicado el 20.7.2021 por la Comisión europea acerca de la transposición que hicieron los Estados de la Directiva OEI, puede leerse –pp. 14 y 15–: «La mayoría de los Estados miembros ha declarado que ejecuta las OEI y traslada las pruebas al Estado de emisión en un plazo comprendido entre 31 y 60 días. Sin embargo, un número considerable de los Estados miembros ha manifestado que recibe pruebas del Estado de ejecución en un plazo de 91 a 120 días (...). No obstante, un conjunto de Estados miembros informa de demoras graves individuales, incluso cuando se trata de asuntos urgentes (...). La mayoría de los Estados miembros considera, en general, satisfactorio el marco actual de reconocimiento mutuo de las OEI para la obtención de pruebas. *Sin embargo, no ocurre lo mismo con las pruebas electrónicas, en cuyo caso, los Estados miembros consideran que existe una necesidad imperiosa de normas específicas, y más a medida que aumenta el grado de digitalización* (...). Tanto la Red Judicial Europea como Eurojust han informado también de que existen algunas dificultades en la aplicación práctica de la Directiva, por ejemplo, en lo que respecta a la tramitación de casos urgentes, (...)».
https://eur-lex.europa.eu/legal-content/ES/TXT/PDF/?uri=CELEX:52021DC0409&from=ES
Vid. también el citado Informe SIRIUS 2023, pp. 8 y 9: Los principales problemas a los que se enfrentan las autoridades de investigación cuando intentan obtener pruebas electrónicas transfronterizas son los retrasos en el proceso MLA –*mutual legal assistance*–, así como la falta de normalización de las políticas de los proveedores de servicios.

15. El TJUE ha manifestado reiteradamente que el Derecho de la Unión se opone a una normativa nacional que establezca, con carácter preventivo, una conservación generalizada e indiferenciada de datos de tráfico y de localización en el sector de las comunicaciones electrónicas con fines de lucha contra la delincuencia grave, y ha establecido el principio general de «prohibición de almacenamiento» de los datos de tráfico y localización, de tal forma que los poderes públicos deberán realizar una «ponderación equilibrada» entre el interés de general en la persecución de los delitos y la necesaria tutela de los derechos y libertades en juego, valorando también la gravedad de la injerencia que conllevan las distintas medidas y si se trata de un supuesto de amenaza grave para la seguridad nacional. *Vid.* Sentencias de 8 de abril de 2014, *Digital Rights Ireland*, C-293/12; de 21 de diciembre de 2016, *Tele2 Sverige y Watson y otros*, C-203/15 y C-698/15; de 6 de octubre de 2020, *Privacy International*, C-623/17 *y La Quadrature du Net y otros*, C-511/18, C-512/18, *Ordre des barreaux francophones et*

de las respectivas legislaciones nacionales aplicables por el territorio de implantación, no podemos concluir de ninguna manera que la materia esté hoy suficientemente armonizada entre los Estados miembros.

Aunque se hayan marcado, sobre todo por parte de la jurisprudencia del TJUE, los límites y principios a considerar por las legislaciones nacionales sobre la materia, éstas son todavía bastante diversas en relación con los concretos plazos de conservación de los distintos tipos de datos, por lo que cuando las autoridades nacionales soliciten datos a los PSI en el marco de una investigación penal, el éxito de sus peticiones dependerá en gran medida de los distintos límites temporales de conservación de datos que estén aplicando los PSI en cada caso.

En conclusión, puede que estén solicitando datos que los PSI ya no tienen, porque los han tenido que borrar o eliminar en cumplimiento de la normativa que les vincula, y entonces todo el trabajo realizado para preparar y transmitir la OEI habrá sido en vano. Cierto es que este problema no será exclusivo del uso de la OEI, pues también puede plantearse con las nuevas órdenes europeas de producción y conservación, pero desde luego se agrava notablemente si el único instrumento disponible fuera la OEI, con plazos de respuesta mucho más largos.

Este problema de la «*Lack of EU-Wide data retention framework for law enforcement purposes*» ha sido reiteradamente puesto de relieve por los operadores jurídicos, por las autoridades de investigación y también por los

---

germanophone y otros, C-520/18; de 2 de marzo de 2021, *H.K/ Prokuratuur*, C-746/18; de 20 de septiembre de 2022, *SpaceNet AG y Telekom Deutschland*, C-793/19 y C-794/19. El TJUE ha indicado también que el Derecho de la Unión no se opone a medidas legislativas que establezcan, a los efectos de la lucha contra la delincuencia grave y de la prevención de amenazas graves contra la seguridad pública, una «conservación selectiva de los datos de tráfico y de localización en función de las categorías de personas afectadas o mediante un criterio geográfico», una «conservación generalizada e indiferenciada de las direcciones IP atribuidas al origen de una conexión», «una conservación generalizada e indiferenciada de los datos relativos a la identidad civil de los usuarios de medios de comunicación electrónicas» y «una conservación rápida –*quick freeze*– de los datos de tráfico y de localización de que dispongan esos proveedores de servicios». El TJUE ha concretado todos estos extremos con más detalle, entre otras, en su Sentencia –Gran Sala– de 5 de abril de 2022, Asunto C-140/20, *Commissioner of the Garda Síochána y otros*. Sobre esta cuestión, RODRÍGUEZ LAÍNZ, J.L.: «La evolución de la jurisprudencia del TJUE en materia de conservación indiscriminada de comunicaciones electrónicas en la STJUE del Caso G.D. y Comissioner an Garda Síochána», *Diario La Ley*, 28 de abril de 2022, pp. 1 y ss.

propios PSI[16]; será preciso entonces avanzar en esta materia para lograr un mayor grado de armonización de las legislaciones nacionales de los Estados miembros.

Lamentablemente la normativa más reciente tampoco ha resuelto este problema, ya que Reglamento (UE) 2023/2854 del Parlamento Europeo y del Consejo, de 13 de diciembre de 2023, sobre normas armonizadas para un acceso justo a los datos y su utilización, y por el que se modifican el Reglamento (UE) 2017/2394 y la Directiva (UE) 2020/1828 (Reglamento de Datos), no concreta estos extremos. En su Considerando 24º se refiere a la importancia de una «política razonable de conservación de datos», y del «principio de limitación del tiempo de conservación», de conformidad con el art. 5 del Reglamento 2016/679. El art. 3 del mismo Reglamento 2023/2854 exige que se ofrezca información sobre el período de conservación de datos previsto por el proveedor del servicio, pero tampoco armoniza más.

En todo caso, los problemas de eficacia de la OEI en relación con la obtención transfronteriza de información electrónica que almacenan los PSI no terminarían por el hecho de que se concretaran normativamente los tiempos de conservación de los datos por los PSI, ni tampoco acortando el plazo para el cumplimiento de esas Órdenes Europeas de Investigación[17], ya que es muy probable que los datos electrónicos que se necesitan para una investigación estén almacenados por los respectivos PSI de manera dispersa en servidores de distintos Estados, también fuera de la UE. Puede que ni siquiera se sepa en qué países están en el momento en que se ha de cursar la petición por las autoridades competentes, e incluso es habitual que los datos electrónicos se estén conservando por los PSI de forma itinerante.

Tengamos presente que los servicios basados en el uso de internet se pueden prestar desde cualquier lugar, incluso no requieren infraestructura ni personal en el país donde en efecto se ofrece y se presta el servicio. Es

16. Informe SIRIUS 2023, *vid.* especialmente pp. 8, 9, 55 y 63: Para obtener con éxito el acceso a datos electrónicos, en primer lugar, éstos deben estar disponibles, y actualmente no existe un marco armonizado sobre plazos conservación de datos por los PSI con fines policiales o de investigación.

17. No obstante, algún estudioso del tema manifestó en su día –2018– que sí sería posible acortar considerablemente el plazo de ejecución de las OEI, de forma que, junto con otras concretas mejoras en la aplicación de ese instrumento, resultaría innecesario aprobar un nuevo sistema que implicara una privatización de la cooperación y prescindiera del principio de territorialidad en la obtención de la prueba, para aplicar el del lugar del prestación del servicio –*Marktortprinzip*–, que es la solución finalmente adoptada en el «paquete *e-evidence*». *Vid.* más ampliamente, BURCHARD, Ch.: «Der grenzüberschreintende Zugriff...», *op. cit.*, parte 2ª, esp. p. 263.

más, importantes proveedores de servicios *online* —Meta, Google, Snapchat, TikTok, LinkedIn, Airbnb, Apple, «X» (antes Twitter), Microsoft, etc.— no tienen ni siquiera establecimiento o representación en el espacio UE al que poder dirigir una petición de información electrónica [18], por lo que hasta que entre en vigor el nuevo «paquete *e-evidence*» será necesario seguir empleando los tradicionales y lentos sistemas de asistencia internacional entre las respectivas autoridades competentes, «*mutual legal assistence*» generalmente con EE.UU, si no fuera posible la cooperación voluntaria directa con esos PSI.

Debido precisamente a tal fenómeno de «deslocalización» de los datos, el legislador UE consideró, a nuestro juicio con acierto, que para la obtención de este tipo pruebas electrónicas era preciso dar un paso adelante y superar el clásico «*principio de territorialidad*» que viene operando tradicionalmente en la cooperación transfronteriza para la obtención de pruebas, también en el sistema de la OEI, y según el cual las pruebas se habrán de solicitar a la autoridad competente del país/territorio en que se ubican éstas. En consecuencia, se entendió que debía dejar de ser relevante a estos efectos dónde o cómo se almacenaban los datos, pues simplemente hoy en día éstos se encuentran «en la nube» [19].

Unido lo anterior a la necesidad de hacer frente al riesgo de borrado, pérdida o alteración de los datos, en definitiva, para tratar de dotar de mucha mayor agilidad al sistema de obtención transfronteriza de estas pruebas electrónicas, el legislador de la Unión ha optado en este instrumento por un modelo de cooperación en el que se designa como *destinatario* de la solicitud de entrega o conservación de los datos directamente al prestador de servicios *on line*, el cual, desde el momento en que *ofrece sus servicios* en el ámbito de la UE, estará *obligado* a tener establecimiento o representación en algún Estado de la Unión, precisamente a los efectos de dar respuesta a esas peticiones de información electrónica que está bajo su control y que son cursadas por la autoridad de investigación competente en otro Estado UE, siendo irrelevante en este punto dónde o cómo tenga almacenada la información electrónica, o dónde tenga su sede central u otros establecimientos esa compañía que presta ciertos servicios *online* en el espacio UE.

---

18. Ver el ya citado Informe SIRIUS 2023, p. 18.
19. Sobre la necesidad de dejar a un lado el principio de territorialidad en esta materia, entre otros: TOSZA, S.: «All evidence is equal…», *op. cit.*, esp. p. 170; TINOCO PASTRANA, A.: «Las órdenes europeas de entrega y conservación…», *op. cit.*, pp. 203 y ss.; LARO GONZÁLEZ, E.: «El Reglamento E-evidence…», *op. cit.*, esp. p. 6.

Se supera en consecuencia el *principio de territorialidad*[20] —según el cual los datos se han de pedir a la autoridad del lugar donde se encuentran almacenados— para pasar a aplicar el llamado *principio del lugar de prestación del servicio*: si un PSI presta servicios en la Unión, deberá cooperar con las autoridades UE; además este último principio es el mismo que opera en materia de protección de datos, en su versión como principio del lugar del mercado[21].

Es precisamente por este motivo que el Reglamento 2023/1543 se acompaña de una Directiva, la 2023/1544, también de 12 de julio de 2023. Esta será la norma que va a obligar a todos los PSI que presten sus servicios en la Unión a designar al menos un establecimiento o representante legal en algún Estado UE, a los efectos de atender las órdenes de entrega y conservación de datos que pudieran recibir de las autoridades competentes de cualquier Estado de la Unión que participe de este paquete «*e-evidence*».

Esta posible cooperación directa entre jueces y autoridades de investigación, por un lado, y PSI por otro —que según hemos indicado, no es ni mucho menos novedosa en el auxilio internacional— es una de las cuestiones que más controversia suscitó en los «trílogos» entre la Comisión, el Consejo y el Parlamento europeo, así como en las diversas negociaciones con los conocidos como «*stakeholders*» o colectivos interesados sobre el Proyecto inicial que presentó la Comisión europea en 2018[22]. Seguramente este extremo ha sido el principal motivo de retraso en la aprobación definitiva del paquete «e-evidence».

Veremos *infra* que finalmente, a través del conjunto del articulado de las normas publicadas, se ha instaurado un modelo que en un buen número de casos permitirá, o más bien obligará, a que los datos requeridos al PSI, *incluso de contenido*, sean entregados por éste a los jueces o autoridades de investigación del Estado de emisión de la orden, sin que haya un control adicional por parte de una autoridad judicial en el Estado de ejecución sobre si concurren o no motivos de denegación de la entrega o conservación.

20. Se ha mostrado fuertemente contrario a abandonar el principio de territorialidad, por entender que en absoluto está obsoleto, y que el nuevo principio del lugar de prestación del servicio no podría asegurar satisfactoriamente la protección de los derechos y libertades en juego, BURCHARD, Ch.: «Der grenzüberschreintende Zugriff…», *op. cit.*, parte 1ª, pp. 192 y ss., y parte 2ª, esp. pp. 253 y 263.
21. *Marktortprinzip*, en terminología alemana.
22. Más ampliamente explicado en mis trabajos DE HOYOS SANCHO, M.: «Novedades en materia de obtención transfronteriza…», *op. cit.*, pp. 99 y ss.; «Reflexiones acerca de la propuesta de Reglamento UE...», *op. cit.*, pp. 1 y ss.

Este modelo, que desde luego presenta claras ventajas en términos de agilidad en la cooperación, plantea no pocas dudas en relación con las garantías procesales de investigados y acusados, pues precisamente al faltar en muchos supuestos ese «doble control judicial» de legalidad y proporcionalidad[23] de la solicitud, casi todo se tendrá que fiar a la valoración que haya realizado la autoridad de emisión. Por su parte, los motivos que según la norma podrá esgrimir el PSI para negarse a entregar los datos solicitados son muy restringidos, incluso de difícil apreciación por éstos. Además, precisamente sobre los PSI penderá una suerte de «espada de Damocles»: la posible sanción penal y/o una fuerte multa económica en caso de que no colaboren entregando o conservando la información electrónica que se les requiere; la cual, por cierto, y conviene no perderlo de vista, es fácil que pueda afectar a derechos tan relevantes como la intimidad personal, el secreto de las comunicaciones, al propio entorno digital, a la libertad de prensa, de expresión o al secreto profesional, entre otros.

En definitiva, como comprobaremos a continuación al abordar con detalle la regulación del instrumento, estamos ante un cambio de modelo en la Unión Europea, que ya fue criticado en fase de propuesta normativa por entender que suponía una «privatización» de la confianza mutua[24], de la propia cooperación transfronteriza[25], y que algunos incluso calificaron de «salto cuántico» en la

23. Véase GUERRERO PALOMARES, S.: «El principio de proporcionalidad en los principales instrumentos de cooperación judicial penal europeos: la OEDE y la OEI», en *A vueltas con la transformación digital de la cooperación jurídico penal internacional,* L. Fontestad Portalés (Dir.), Aranzadi, 2022, pp. 191 y ss., y LLORENTE SÁNCHEZ-ARJONA, M.: *La orden europea de investigación…, op. cit.*, pp. 111 y ss.

24. Críticos con este aspecto se mostraron ya en su día WILLEMS, A.: «The Court of Justice of the European Union's Mutual Trust Journey in EU Criminal Law: From a Presumption to (Room for) Rebuttal», *German Law Journal*, 20, 2019, pp. 468 y ss., AMBOS, K.: «Desarrollos y adaptaciones del principio de reconocimiento mutuo. Reflexiones sobre los orígenes de la orden europea de investigación con vistas a una comprensión práctica del principio de reconocimiento mutuo», en M. Llorente Sánchez-Arjona (Dir.). *Estudios procesales sobre el espacio europeo de justicia penal*, Cizur Menor: Aranzadi, 2021, pp. 141-169, esp. pp. 164 a 166; o BURCHARD, Ch.: «Der grenzüberschreintende Zugriff…», *op. cit.*, parte 1ª, p. 260: la privatización de actuaciones públicas/estatales conduce a una lesiva privatización de lo público, concluía el autor.

25. Más ampliamente, *vid.* MITSILEGAS: «The privatization of mutual trust…», *op. cit.*, esp. p. 264, donde concluye que en el nuevo modelo se establece una relación entre las autoridades encargadas de la aplicación de la ley –*law enforcement*– y los actores privados –las compañías proveedoras de servicios–, los cuales, quieran o no, se convertirán en brazos ejecutores de las autoridades, reemplazando así a sus propias autoridades nacionales en la tarea de recibir, cumplir y evaluar las órdenes. Sin embargo, a diferencia de las autoridades nacionales, los proveedores de servicios deberán cumplir con esas funciones que se les encomienda bajo la amenaza de sanciones por incumplimiento, lo que

materia[26], por las importantes modificaciones que introduciría en la obtención de información electrónica almacenada por los PSI.

En todo caso, aún tardemos algunos años en ver cómo se materializan estos cambios en la práctica, pues según puede leerse en el art. 34 apdo. 2º del Reglamento 2023/1543, éste «*será aplicable a partir de agosto de 2026*»; es decir, tres años después de su publicación oficial.

Tengamos en cuenta que, si bien el Reglamento es una norma de aplicación directa[27] por los Estados miembros vinculados por ella[28], éstos habrán

---

hará que estos proveedores de servicios no puedan ser considerados fiables defensores de nuestros derechos fundamentales. También DANIELE mostró su preocupación por esta tendencia a la «privatización de la tutela de los derechos fundamentales» que se observaba ya en la propuesta de Reglamento, pues se termina confiando al proveedor de servicios, esto es, a empresas privadas, el control sobre la ejecución de las órdenes, con argumentos «esencialmente de tipo utilitarista». Destaca el autor que esta exclusión de los órganos estatales del Estado de ejecución no es exclusiva de la propuesta de Reglamento, pues una disposición semejante se encuentra en la CLOUD Act de 2018, su homólogo estadounidense. Se trata por tanto de una fuerte tendencia, a nivel global, que justamente por eso ha de ser valorada con la máxima cautela, concluyó el autor en su trabajo «L'acquisizione delle prove digitali...», *op. cit.*, esp. p. 1289. Entre la doctrina alemana, fuertemente críticos con la conclusión de que esta «privatización» de la cooperación transfronteriza pueda ser una buena solución, BURCHARD, Ch.: «Der überschreitende Zugriff...», *op. cit.*, esp. pp. 257 y ss.: «Zwischenstaatlichkeit als Problem und Privatisierung als Lösung?», y también BÖSE, M.: «Der Kommissionsvorlag zum transnationalen Zugriff...», *op. cit.*, esp. p. 146: excluir a la autoridad del Estado de ejecución del sistema de cooperación transfronteriza conlleva un déficit en la protección de los derechos fundamentales, que no se compensa ni con la protección en el Estado de emisión, ni por el PSI, ni con el «mecanismo de notificación» previsto en la norma.

26. De «*quantum leap*» hablaba TOSZA en «All evidence is equal, but electronic evidence...», *op. cit.*, p. 181, pues en estas órdenes se estará exigiendo un nivel de confianza en la autoridad de emisión mucho más alto que el existente hasta ahora, pero sin la suficiente armonización de garantías procesales, de los recursos disponibles para los afectados y de otros elementos que deberían sustentar esa confianza, como por ejemplo una mayor aproximación de las legislaciones en materia de «*privacy*». Eso por no mencionar el insatisfactorio nivel del «*rule of law*» en ciertos países, que de hecho actualmente afecta a la propia ejecución de los instrumentos de cooperación ya asentados sobre el reconocimiento mutuo, concluyó TOSZA.

27. Como apuntan GIALUZ y DELLA TORRE, el uso del instrumento normativo «Reglamento» es una buena prueba de que la Unión se fía realmente poco de cómo los Estados miembros reciben habitualmente los instrumentos eurounitarios en materia procesal penal, por lo que en este caso han optado por eludir el problema, proponiendo un acto *self-executing*. *Vid.* su trabajo «Lotta alla criminalità nel cyberspazio...», *op. cit.*, esp. p. 292.

28. Dinamarca no participa en la aplicación del presente Reglamento, pero Irlanda sí ha notificado su deseo de participar en su adopción y aplicación. *Vid.* Considerandos 100º y 101ª del Reglamento 2023/1543.

de realizar en todo caso modificaciones en los respectivos ordenamientos nacionales, seguramente en sus códigos procesales penales, y también en las normas de organización y de atribución de competencias, lo que requerirá tiempo de tramitación.

Por su parte, la Directiva 2023/1544, que necesariamente exige normativa nacional de transposición, dispone en su art. 7, apdo. 1°, que «*Los Estados miembros pondrán en vigor a más tardar el 18 de febrero de 2026 las disposiciones legales, reglamentarias y administrativas necesarias para dar cumplimiento a lo establecido en la presente Directiva*».

Serán cambios importantes para las autoridades implicadas y también para las distintas empresas proveedoras de estos servicios

Para los PSI la designación de establecimiento o representación legal al menos en un Estado de la Unión será una decisión importante desde el punto de vista jurídico y empresarial, lo que además les supondrá un incremento en los gastos, pues tendrán que dotarse del personal técnico necesario para evaluar y dar respuesta a todas las peticiones de información que reciban, las cuales deberán ser atendidas en plazos muy cortos.

Iremos viendo cómo se materializa el cumplimiento de las obligaciones que respectivamente les competen.

II

Objeto y ámbito de aplicación del Reglamento 2023/1543

Según se puede leer en el art. 1º del Reglamento 2023/1543, éste tiene por objeto el establecimiento de las normas en virtud de las cuales una autoridad competente de un Estado miembro podrá emitir o validar en el marco de un proceso penal una *«orden europea de producción»* —EPOC[1]— o una *«orden europea de conservación»* —EPOC-PR[2]—, a través de la cual se solicitará a un prestador de servicios de internet que ofrece sus servicios en la Unión y que está establecido y/o representado en otro Estado miembro[3] vinculado por este Reglamento[4], la entrega o la conservación de las pruebas electrónicas —datos de abonados, de tráfico o de contenido— que ya tiene el PSI y que se requieren en el marco de ese proceso penal, para la investigación o el enjuiciamiento de delitos, o bien para la ejecución de penas privativas de libertad pendientes. Todo ello *«con independencia de la ubicación de los datos»*[5], y siempre y cuando esa autoridad también hubiera podido pedir tal información a un PSI en el caso de que estuviera implantado en su terri-

1. *European Production Order Certificate.*
2. *European Preservation Order Certificate.*
3. Si el PSI tiene establecimiento o representación a estos efectos en el territorio del Estado donde se sigue la causa penal, no será preciso acudir a los instrumentos de cooperación transfronteriza; se trataría de auxilio a la justicia de carácter «nacional».
4. Ya hemos indicado que Dinamarca no lo estará, pero sí Irlanda, lo cual es particularmente relevante, pues importantes PSI tienen ya establecimiento en este país, y además Irlanda no está participando del sistema OEI. Así, por ejemplo, en Dublín está la sede europea de Google y en particular su «centro de datos»; la sede europea de Apple está en Cork, también en Irlanda.
5. En muchos casos los datos ya no se almacenan en el dispositivo del usuario, sino que se encuentran en una infraestructura «en nube», que permite acceder a ellos desde cualquier lugar. Así, para la gestión de estos servicios no es necesario que el PSI esté establecido o tenga servidores en un territorio determinado. Por tanto, la aplicación de este Reglamento no puede depender de dónde se encuentre el establecimiento del

torio, es decir, conforme a su propia legislación aplicable[6]. Analizaremos a continuación estos extremos con más detalle.

El art. 3 apdo. 3º del Reglamento indica que por «*prestador de servicios*» se entiende toda persona física o jurídica que presta servicios de comunicaciones electrónicas, de nombre de dominio de internet y direcciones IP, u otros servicios de la sociedad de la información que permitan a los usuarios comunicarse entre sí o almacenar o tratar datos en nombre de los usuarios, siempre que tal almacenamiento de datos sea un componente esencial del servicio prestado al usuario[7].

PSI, o la instalación o el lugar donde se almacenan los datos, como bien se explica en el Considerando 21º.

6. En el ordenamiento español serían aplicables estos preceptos de la LECrim, introducidos por la L.O. 13/2015, de 5 de octubre: Arts. 588 *bis* a), b) y c), art. 588 *sexies* c): necesidad de autorización/orden judicial como regla general y, desde luego, para acceder a datos electrónicos de contenido y de tráfico que conservan los PSI, *vid.* esp. arts. 588 *ter* b), j) y k). No obstante, el art. 588 *ter* (m) indica que, si en el ejercicio de sus funciones el MF o la Policía judicial necesitaran conocer la titularidad de un número de teléfono o de cualquier medio de comunicación, o a la inversa, el número de teléfono o datos de identificación de un medio de comunicación «*podrán dirigirse directamente a los prestadores de servicios de telecomunicaciones, de acceso a una red de telecomunicaciones o de servicios de la sociedad de la información, quienes estarán obligados a cumplir el requerimiento, bajo el apercibimiento de incurrir en el delito de desobediencia*». *Vid.* también la Circular 2/2019, de la Fiscalía General del Estado sobre interceptación de comunicaciones. Por su parte, el art. 588 *octies* se refiere a la orden de conservación de datos: «*El MF o la Policía judicial podrán requerir a cualquier persona física o jurídica la conservación y protección de datos o informaciones concretas incluidas en un sistema informático de almacenamiento que se encuentre a su disposición hasta que se obtenga la autorización judicial correspondiente para su cesión con arreglo a lo dispuesto en los artículos precedentes (...)*». El deber de colaboración de los PSI con las autoridades competentes se recoge también en nuestra LECrim, en el art. 588 *ter* e).

7. Véase también el Considerando 27º: esta definición de prestador de servicios se formula en consonancia con el Convenio del Consejo de Europa sobre ciberdelincuencia, Convenio de Budapest 2001. El citado informe SIRIUS 2023, p. 22, indica que los cinco tipos de proveedores de servicios más importantes para sus investigaciones fueron las plataformas de redes sociales, aplicaciones de mensajería, de intercambios de criptomonedas, almacenamiento en la nube y de conexiones VPN –Virtual Private Network–. En 2022 se presentaron 211.933 solicitudes de datos a los principales proveedores de servicios online, que a la vista de sus propios informes de transparencia, fueron estos: Google, LinkedIn, Meta, Reddit, Snapchat y TikTok. Alemania presentó casi la mitad de todas las solicitudes cursadas en 2022 (48%), seguida de Francia (14%). El porcentaje de éxito de las solicitudes fue del 69% en 2021 y ascendió a 73% en 2022. Google fue el PSI con mayor porcentaje de éxito en la petición (80%), Meta 68% y TikTok el menor, 51%. *Vid.* más cifras y comparativas en el citado Informe SIRIUS 2023, pp. 66 y ss.

Si el PSI no proporciona a los usuarios la capacidad de comunicarse entre sí, sino solo con el prestador de servicios, o no proporciona la capacidad de almacenar o tratar datos de otro modo, o si el almacenamiento de datos no es componente definitorio de su actividad, parte esencial del servicio que prestan, «como los servicios jurídicos, de arquitectura, de ingeniería y de contabilidad prestados en línea a distancia, no debe entrar dentro del alcance de la definición de prestador de servicios establecida en el presente Reglamento, aun cuando los servicios prestados por dicho prestador sean servicios de la sociedad de la información en el sentido de la Directiva (UE) 2015/1535».

Se considera que un PSI «*ofrece sus servicios en la Unión*» cuando permite que personas físicas o jurídicas en un Estado miembro usen los servicios mencionados en el apdo. 3º del art. 3 del Reglamento, y además tal prestador tienen una «*conexión sustancial*», basada en criterios fácticos específicos, con el Estado miembro donde se utilizan tales servicios. El legislador UE entiende que tal conexión sustancial existe cuando el PSI tiene establecimiento en un Estado miembro, o bien si tiene un número significativo de usuarios o se orientan actividades en uno o más Estados[8].

A los efectos de este Reglamento, se entiende que son «*pruebas electrónicas*» los datos de abonados, de tráfico o de contenido que ya tiene almacenados el prestador de servicios, o en nombre de un prestador de servicios, en formato electrónico «*en el momento de la recepción*» de un EPOC o EPOC-PR, según puede leerse en el art. 3, apdo. 8º del Reglamento que nos ocupa. Es decir, no se podrá usar este instrumento de cooperación para solicitar información que en el futuro pudieran tener a su disposición los PSI[9].

8. El Considerando 29º aclara que la mera accesibilidad de una interfaz en línea en la UE, como por ejemplo el hecho de que sea accesible una página web o una dirección de email en algún Estado de la Unión, tomado aisladamente, debe considerarse insuficiente para determinar que un PSI ofrece servicios en la Unión en el sentido del presente Reglamento.

9. Como se indica en el Considerando 19º, este Reglamento se aplica únicamente para la obtención de datos ya almacenados por el PSI en el momento en que recibe la EPOC o EPOC-PR. Además, no establece una obligación general de retención de datos por el PSI y no sirve para autorizar la interceptación de datos ni para la conservación u obtención de datos futuros.

Las órdenes de producción —decisiones por las que se ordena la *entrega*[10] de pruebas electrónicas— y las órdenes de conservación de datos[11] se podrán emitir exclusivamente en el marco de un proceso penal; se entiende que, tanto en fase de investigación, como de enjuiciamiento o de ejecución, si se dan los requisitos normativos. En consecuencia, esta herramienta de cooperación transfronteriza no se podrá emplear en procedimientos administrativos, ni siquiera para investigar ilícitos administrativos graves. Esta es una diferencia importante en relación con el sistema de la OEI, pues según dispone la Directiva OEI 2014/41/CE en su art. 4 y nuestra LRMRP en el art. 186 LRMRP, la OEI sí puede emplearse en aquellos procedimientos administrativos cuya decisión final podría dar lugar a un proceso ante un órgano jurisdiccional, en particular en el orden penal —v.gr.: *Ordungswidrigkeiten* alemanas—.

Resulta destacable el hecho de que estas órdenes podrán emitirse también para la investigación y prueba *en causas penales* contra personas jurídicas, según se indica el apdo. 2º del art. 2 del Reglamento 2023/1543[12]. Por tanto, nótese bien en relación con lo indicado anteriormente que no se podrán emitir EPOC o EPOC-PR en procedimientos en los que se atribuye la comisión de *ilícitos administrativos* a personas jurídicas. Es importante tener en cuenta esta delimitación del ámbito de aplicación del instrumento, pues las legislaciones de algunos Estados de la Unión Europea no contemplan la posibilidad de exigir responsabilidad *penal* a las personas jurídicas como tales[13], solo administrativa-sancionadora, por lo que en esos contextos geográficos y procedimentales no se podrían utilizar estas órdenes de entrega y conservación de información electrónica más que para, en su caso, exigir responsabilidad penal a las personas físicas que pudieran ser responsables.

Además, el PSI que presta sus servicios en el ámbito UE no solo deberá atender las órdenes que las autoridades competentes emitan o validen «*a efec-*

10. La denominación «órdenes de producción», a nuestro juicio, no resulta muy afortunada, ya que según venimos explicando no se «produce» nada, sino que se solicita la entrega de datos de los que ya dispone el PSI.
11. Decisiones por las que se ordena al PSI la conservación de pruebas electrónicas, precisamente a los efectos de una posterior solicitud de entrega de los datos.
12. «(...) *en procesos relativos a infracciones penales por las que una persona jurídica puede ser considerada responsable o ser castigada en el Estado emisor*».
13. Así sucede en Alemania, Italia y Austria. Sobre este particular, más ampliamente, DE HOYOS SANCHO, M.: «Sobre la necesidad de armonizar las garantías procesales en los enjuiciamientos de personas jurídicas en el ámbito de la Unión Europea. Valoración de la situación actual y algunas propuestas», en *Revista General de Derecho Procesal*, núm. 43, 2017, pp. 1 y ss.

tos de procesos penales» —investigación y prueba del delito—, sino también, como indica el art. 2, apdo. 2º, *«para fines de ejecución de una pena privativa de libertad o de una medida de seguridad privativa de libertad de al menos cuatro meses, tras un proceso penal, impuestas por resolución que no se haya dictado en rebeldía*[14]*, en los casos en que la persona haya huido de la justicia»*. Esta segunda finalidad no figuraba en la propuesta inicial de la Comisión; se incorporó posteriormente.

De otro lado, hay que considerar que las autoridades competentes solo podrán emitir o validar estas órdenes para obtener información electrónica que almacenan los PSI de otro Estado miembro, si hubieran podido pedir esos datos también a un PSI establecido o representado en su territorio y conforme a su legislación nacional. La finalidad de este requisito es clara: evitar el conocido como «*fórum shopping*»; es decir, tratar de evitar que las autoridades encargadas de la investigación obtengan fuera de su país las pruebas que no podrían tener a la luz de su propio ordenamiento interno.

Uno de los extremos que mejoró notablemente tras las negociaciones con los grupos interesados, y en particular tras atender las muy razonadas propuestas que presentó en su día el Consejo de la Abogacía europea[15], es el hecho de que, a la vista del texto finalmente aprobado, también puedan

14. En el Considerando 25º podemos leer que se excluye la posibilidad de dictar estas órdenes para ejecutar penas o medidas de seguridad privativas de libertad impuestas mediante resoluciones dictadas en rebeldía, porque el Derecho nacional de los Estados miembros sobre este tipo de resoluciones judiciales dictadas en rebeldía, *«varía considerablemente en toda la Unión»*. A pesar, dicho sea de paso, de que desde 2016 contamos con una Directiva (UE) 2016/343, *por la que se refuerzan en el proceso penal determinados aspectos de la presunción de inocencia y el derecho a estar presente en el juicio.*

15. En el ya citado Informe del COUNCIL OF BARS AND LAW SOCIETIES OF EUROPE de octubre de 2018 sobre la Propuesta de Reglamento, esp. pp. 8 a 11, el CCBE ya advirtió de que se vulneraban los derechos de la defensa, la igualdad de armas y el juicio justo, si los Fiscales podían solicitar la emisión de una orden de entrega o conservación de datos de este tipo, pero no estaba previsto que los investigados/acusados, su defensa técnica, pudieran solicitar pruebas electrónicas a través de este instrumento de cooperación transfronteriza, lo que evidentemente «colocaba al acusado en una desventaja significativa». Por su parte, también la Comisión LIBE del Parlamento europeo en su Informe de 11 de diciembre de 2020 demandó expresamente que se incluyera una previsión en aras de la vigencia de los referidos derechos de defensa e igualdad de armas. En semejantes términos, el citado Informe de FAIR TRIALS de 2018, esp. p. 5: «The proposal, as drafted, is entirely one-sided. On the one hand, prosecutors can issue preservation orders at will and production orders for most offences. And on the other, no provisions exist to enable defendants to use or deal with electronic evidence. The proposal undermines the principle of equality of arms between prosecution and defence, placing the defendant at a significant disadvantage».

solicitar la emisión de EPOC o EPOC-PR los sujetos sospechosos o acusados, o un abogado en su nombre, haciéndose así efectivos los derechos de la defensa, si bien en todo caso por los cauces correspondientes y «*de conformidad con el Derecho procesal penal nacional*» —art. 1, apdo. 2º del Reglamento 2023/1543—.

Sin embargo, otra cuestión que ha quedado sin resolver, y que a nuestro juicio supone una carencia importante del texto del Reglamento 2023/1543[16], destacadamente desde la perspectiva del ordenamiento español, donde como es sabido también las víctimas del delito pueden ejercitar la acción penal[17], es el hecho de que no se haya incluido en el mismo una referencia expresa a la posibilidad de que también otras acusaciones personadas en la causa puedan solicitar la emisión de EPOC o EPOC-PR para obtener información electrónica que almacenan los PSI, y que eventualmente pudiera ser importante para fundamentar la defensa de sus propias pretensiones procesales acusatorias[18].

Por lo demás, retomando la cuestión del modelo de cooperación transfronteriza que se implanta a través de este Reglamento, se establecen una serie de requisitos y procedimiento de obtención de la información electrónica que almacenan los PSI distinguiendo en función de los concretos tipos de datos solicitados.

Siguiendo las pautas que ya son habituales en los respectivos ordenamientos nacionales, en otras normas de la Unión, en la jurisprudencia del TJUE y también en el Convenio de Budapest sobre cibercrimen, debemos diferenciar los siguientes tipos de datos, pues en torno a estas distinciones y definiciones —*vid.* art. 3 del Reglamento 2023/1543— gira el sistema de obtención de información electrónica que se contiene en el Reglamento que nos ocupa.

16. Ya lo pusimos de manifiesto en DE HOYOS SANCHO, «Reflexiones acerca de la Propuesta de Reglamento...», *op. cit.*, p. 167.

17. Sobre este particular, *in extenso*, DE HOYOS SANCHO, M.: *El ejercicio de la acción penal por las víctimas. Un estudio comparado*, Cizur Menor, Aranzadi, 2021.

18. También ha puesto de relieve esta carencia en el texto del Reglamento, en relación con la igualdad de armas, FUENTES SORIANO, O.: «Prueba penal transfronteriza: la normativa *e-evidence* como complemento de la Orden europea de investigación», en *Hacia un Derecho Procesal Europeo*, Dirs.: C. Arangüena y M. de Hoyos, Atelier, Barcelona, 2024, *en prensa*. Agradezco a la autora la posibilidad de consultar su trabajo antes de que apareciera publicado en el libro del IX Memorial Manuel Serra Domínguez, celebrado en Valladolid en noviembre de 2023.

De menor a mayor injerencia en la esfera de derechos de los posibles afectados por la solicitud, encontramos la siguiente clasificación en la norma: datos de abonados, datos de tráfico y datos de contenido[19].

Veremos a lo largo del articulado del Reglamento cómo los requisitos para la obtención de datos de abonados y de identificación de usuarios son menos estrictos[20]; sin embargo, la obtención de otros datos de tráfico y/o de contenido que almacenan los PSI será más compleja en cuanto a los presupuestos, condiciones y garantías a observar.

En el primer escalón se encuentran conjuntamente los datos de abonados y los que simplemente permiten la identificación de usuarios; estos últimos son técnicamente datos de tráfico, pero el legislador UE los asimila a estos efectos a la obtención de meros datos de abonados. Son muy útiles para obtener unos primeros indicios o fuentes de prueba iniciales en la investigación, cuando se trata de averiguar la identidad del sospechoso[21].

Los datos de abonados se definen a los efectos de este Reglamento como aquellos relativos a la identidad del abonado o cliente: su nombre, fecha de nacimiento, dirección postal o geográfica, facturación y pagos, número de teléfono, dirección correo electrónico, tipo de servicio y duración, datos de

19. En las primeras versiones del instrumento, *vid.* art. 2, se establecieron cuatro categorías de datos: de abonados, de acceso, de transacción y de contenido, que finalmente se han reducido a tres. En todo caso, como bien destaca FUENTES SORIANO, O.: «Prueba penal transfronteriza…», *op. cit.*, p. 17, con cita del informe que publicó *CCBE* en 2018 sobre la Propuesta de Reglamento, no siempre estará suficientemente claro bajo qué concreta categoría de estas tres caen algunos específicos datos electrónicos.

20. Tengamos en cuenta en todo momento que para la obtención de este tipo de datos almacenados por los PSI ya viene operando desde hace muchos años, y de manera generalmente satisfactoria, la referida «cooperación voluntaria directa», es decir, entre autoridad de emisión y PSI, sin necesidad de intervención de otra autoridad en el Estado de ejecución, donde tiene su sede el PSI.

21. Como pone de relieve el Informe SIRIUS 2023, esp. p. 33, de la información analizada se concluye que las respectivas solicitudes de divulgación de datos se producen «en cascada»; es decir, se comienza solicitando información sobre abonados –nombre, localización, datos de facturación y pago, email o número de teléfono–, que fueron las peticiones más cursadas en 2022 (74%), y luego en su caso se demandan datos de tráfico –origen y destino del mensaje, ubicación del dispositivo, fecha, hora, duración ruta, formato y protocolo utilizado–, y finalmente, en caso de que fueran necesarios, se solicitarían los datos de contenido –texto, voz, videos, imágenes o sonido–.

validación del uso del servicio, salvo contraseñas u otros medios de autenticación facilitados por el usuario o creados a petición suya[22].

Los datos solicitados con el único fin de identificar al usuario en una investigación penal específica[23] podrán ser las direcciones IP estáticas o dinámicas[24], registros y números de acceso y, cuando sea necesario, puertos de origen y sellos de tiempo —fecha y hora o equivalentes e información conexa—, identificador de usuario e interfaz utilizada en el contexto de uso del servicio.

Debe destacarse por su importancia práctica que cuando las direcciones IP, los números de acceso y la información conexa no sean solicitados con el único fin de identificar al usuario en una investigación penal específica, y se pidan al PSI para obtener datos más intrusivos sobre la vida privada del investigado/acusado, como son los contactos o la ubicación del usuario, que podrían servir para realizar un perfil completo de la persona afectada, habrán de considerarse *datos de tráfico* a todos los efectos, como aclara el Considerando 33º del Reglamento 2023/1543.

El segundo escalón lo conforman los datos de tráfico —menos los de identificación de usuarios— y los datos de contenido, que tienen un tratamiento conjunto respecto de condiciones y requisitos para su solicitud al

22. Si acudimos al formulario EPOC que encontramos en el Anexo I del Reglamento, concretamente en la Sección F, veremos una enumeración detallada de los que se consideran «datos de abonados». Dentro de ese listado, la autoridad de emisión deberá marcar exactamente aquellos que necesita.
23. En determinadas circunstancias las direcciones IP pueden considerarse datos de tráfico, pero, no obstante, a los efectos de una investigación penal específica, las autoridades policiales sí pueden solicitar los datos de una dirección IP, así como números de acceso e información conexa, *con el único fin de identificar al usuario* antes de que se pueda pedir al PSI los datos de abonados relacionados con ese identificador. En tales casos se les aplica el mismo régimen que a los datos de abonados, indica el Considerando 32º.
24. Aclara el Considerando 28º que los registros de nombres de dominio o los registros de direcciones IP revisten especial importancia en orden a la identificación de quiénes están detrás de las páginas web maliciosas o comprometidas. Los PSI disponen de datos que podrían hacer posible la identificación de una persona física o jurídica responsable de un sitio web utilizado en actividades delictivas o la identificación de víctimas de esa actividad delictiva. Las direcciones IP suelen compartirse entre distintos usuarios, pero en todo caso son datos personales, protegidos por todo el acervo UE.
Sobre la importancia de la obtención de este tipo de datos para la investigación de delitos cometidos a través de la web, por todos: ARANGÜENA FANEGO, C.: «Nuevos pasos contra el terrorismo en la UE: Reglamento (UE) 2021/784 y las órdenes de retirada de contenidos terroristas en línea», *Revista de Estudios Europeos*, núm. 1 extra, 2023, pp. 68 y ss.

PSI. Desde luego, su obtención implica una mayor injerencia en los derechos de los investigados/acusados, o incluso de terceros. Estos datos ya no se suelen requerir en la fase inicial de la investigación, sino que normalmente serán solicitados y utilizados como material probatorio.

Datos de tráfico a estos efectos son aquellos relacionados con la prestación de un servicio ofrecido por el PSI, que sirven para facilitar información contextual o adicional sobre ese servicio y que han sido generados o tratados por un sistema de información del prestador de servicios, tales como los siguientes: datos de origen y destino de un mensaje o interacción, ubicación del dispositivo, fecha, hora, duración, tamaño, ruta, formato, protocolo utilizado, tipo de compresión, otros metadatos de comunicaciones electrónicas y datos sobre inicio y final de una sesión de acceso del usuario al servicio, tales como fecha y hora de acceso, de conexión y desconexión del servicio[25].

Finalmente, los datos de contenido, cuya obtención obviamente implica mayor injerencia en derechos fundamentales del usuario, son descritos de la siguiente manera en el citado art. 3 del Reglamento: cualesquiera datos en formato digital, como texto, voz, vídeos, imágenes y sonidos, que no sean datos de abonados o de tráfico. Más concretamente[26], el volcado del buzón web, de los datos almacenados en línea o de páginas web, registro y copia de seguridad de los mensajes, volcado de mensajes de voz, contenido del servidor, copia de seguridad del dispositivo, lista de contactos, u otros datos de contenido que fuera necesario especificar.

Debemos llamar la atención sobre el hecho de que, frente a lo que pudiéramos pensar en una primera aproximación al tema, los datos de contenido son de los que menos se solicitan en la práctica. El último informe SIRIUS 2023 indica que este tipo de datos solo alcanzó el 14% de las peticiones cursadas por las autoridades a los PSI[27].

25. En el referido Anexo I, que contiene el formulario del EPOC, en la Sección F, apdo. c), se enumeran una serie de datos de tráfico que pueden solicitarse por la autoridad de emisión, distinguiendo según se trate de telefonía móvil, de servicios de internet, de alojamiento de datos u otros.

26. Véase el listado en el Anexo I del Reglamento, Sección F, apdo. d).

27. Puede consultarse con más detalle el referido Informe SIRIUS 2023, esp. p. 22. Los datos que más se pidieron en 2022 fueron los de registros de conexión –54%–, direcciones IP empleadas –40%–, nombres –38%–, número de teléfono –37%–, dirección email 32%, datos de facturación y pago 24%, fecha de nacimiento 16%, datos de contenido 16% y localización del dispositivo 14%. Los proveedores de servicios que más solicitudes de entrega de datos recibieron en ese mismo periodo fueron Google, Meta, LinkedIn, Reddit, Snapchat, TikTok.

Se pone de relieve en el Considerando 20º la que a nuestro juicio es una cuestión de gran trascendencia práctica, aunque no esté incluida en el articulado del Reglamento: los datos solicitados mediante la orden de producción o de conservación se deberán proporcionar o conservar por el PSI «*con independencia de que estén cifrados o no*», y el Reglamento 2023/1543 «*no debe establecer ninguna obligación de descifrar los datos para los prestadores de servicios*». Es decir, los datos se conservarán o entregarán a las autoridades nacionales que los requieran para sus investigaciones, tal y como los tenga almacenados el PSI.

Como es sabido, pues son muchas las investigaciones penales que también por esta razón han tenido notable impacto en los medios de comunicación, algunos PSI siguen estrictas políticas empresariales de privacidad y seguridad de los datos almacenados, por lo que emplean sistemas de seguridad extraordinariamente sólidos para la encriptación o cifrado de los datos que se almacenan en «la nube», cuyas claves de acceso y desencriptación solo tiene el propio usuario[28].

Por lo tanto, una vez obtenidos los datos por las autoridades estatales competentes, en caso de que éstos estuvieran cifrados o encriptados y no se contara con la colaboración del usuario, les corresponderá a aquéllas la tarea de tratar de acceder a la información que necesiten, haciendo uso de los sistemas de descifrado o desencriptación de que pudieran disponer.

Otra característica importante de este instrumento de cooperación que nos ocupa, y que también lo distingue del sistema de la orden europea de investigación, es el hecho de que el EPOC o el EPOC-PR sólo se puede utilizar para obtener datos o información electrónica que *ya obra en poder de un PSI —vid.* art. 3, apdo. 9º—. Es decir, es preciso que en el momento en que el prestador de servicio recibe el certificado con la orden, éste ya tenga almacenados los datos que se solicitan —*vid.* art. 3, apdo. 8º—. El Reglamento no debe establecer una obligación general de retención de datos para los PSI, ni podrá tener el efecto de dar lugar a una retención indiscriminada de datos; tampoco autoriza la interceptación de datos, ni la obtención de

28. «Nadie más puede acceder a tus datos cifrados de punto a punto, ni siquiera Apple, y estos datos permanecen seguros incluso en el caso de una filtración de datos en la nube (...) Si habilitas la protección de datos avanzada y luego pierdes el acceso a tu cuenta, Apple no tendrá las claves de encriptación para ayudarte a recuperarla (...)». Esto se puede leer, por ejemplo, en el documento sobre seguridad de los datos en ICloud que publica Apple. *Vid.* https://support.apple.com/es-es/102651 –actualizado a 18-12-2023–.

datos que pudieran almacenarse en el futuro, tras la recepción de un EPOC o EPOC-PR[29].

Recordemos que el instrumento de obtención transfronteriza de pruebas en que la OEI consiste sí permite solicitar pruebas, datos o información electrónica que se pudieran generar en el futuro, a partir de la recepción de la orden. Por lo tanto, la autoridad judicial o de investigación deberá valorar la situación atendiendo a estos extremos y emplear el específico instrumento de cooperación adecuado para cada caso —OEI o EPOC/EPOC-PR—, considerando sus respectivos objetos, ámbitos de aplicación y presupuestos normativos.

En el Considerando 24º del Reglamento que nos ocupa se destaca también que EPOC y EPOC-PR deben emitirse únicamente a efectos de procesos penales específicos, en relación con una infracción penal concreta que ya haya tenido lugar. Por tanto, no pueden emplearse como medidas de carácter puramente prospectivo; es preciso que esté formalmente iniciada una investigación procesal penal concreta, en la que se haya podido evaluar de manera individualizada por las autoridades policiales o judiciales competentes, la necesidad y proporcionalidad de la emisión de esas órdenes.

A la vista del objeto y ámbito de aplicación del Reglamento 2023/1543, ninguna duda podemos albergar acerca del amplio uso que está llamado a tener este instrumento de cooperación, por la importancia creciente que la «prueba electrónica» o *e-evidence* tiene y seguirá teniendo en la investigación y enjuiciamiento de hechos delictivos.

Los datos publicados en 2019[30] ya indicaban que en un 85% de las investigaciones penales había sido necesario recabar información electrónica almacenada por los PSI, incluso aunque el delito no se hubiera cometido a través de medios informáticos, y en 2/3 de los casos tales pruebas electrónicas tuvieron que obtenerse de PSI establecidos en territorios de otras jurisdicciones, también fuera de la UE, por lo que fue preciso acudir a la cooperación transfronteriza, empleando la OEI o bien a la asistencia judicial

29. *Vid.* Considerando 19º.
30. *Vid.* más ampliamente los datos contenidos en el documento que en su día publicó la Comisión europea en relación con la necesidad de mejorar la obtención de pruebas electrónicas almacenadas por PSI con sede en EE.UU.: *Recommendation for a Council Decision authorising the opening of negotiations in view of an agreement between the European Union and the United States of America on cross-border access to electronic evidence for judicial cooperation in criminal matters*, COM (2019) 70 final, pp. 1 y ss., publicada en Bruselas el 5-2-2019.

internacional con base en convenios y tratados —mutual legal assistence—, en caso de que no hubiera sido viable la cooperación voluntaria directa del PSI para poder conseguir esa información.

Es seguro que estas cifras seguirán aumentando con los años, como puede verse en la evolución de los datos contenidos en los cinco Informes anuales SIRIUS publicados hasta la fecha, desde 2019 hasta 2023, elaborados por la European Union Agency for Law Enforcement Cooperation, en colaboración con Europol, Eurojust y European Judicial Network[31].

Tengamos en cuenta que actualmente, para investigar y probar, por mencionar algún ejemplo, un homicidio con arma blanca, o los habituales delitos de tráfico de estupefacientes, o la trata de seres humanos, ya sean a pequeña o gran escala, seguramente será también necesario obtener pruebas digitales de estos tipos: correos electrónicos y mensajería en línea, consulta de perfiles privados en redes sociales, compras online, coordinadas de GPS de una ruta determinada, rastreo de información buscada en la web, datos sobre dominios de internet, direcciones IP, archivos almacenados en servicios de hosting/icloud, información registrada en gaming platforms, o en sistemas de realidad virtual —Metaverso—, datos sobre el cada vez más importante intercambio de criptomonedas[32], etc., solo por citar algunas importantes fuentes de información electrónica que almacenan los PSI, en muchos casos no implantados en la UE, que pueden ser determinantes para la investigación y prueba de hechos delictivos[33], y no solo de ciberdelitos, que por supuesto también[34].

31. https://www.europol.europa.eu/operations-services-innovation/sirius-project
32. *Vid.* el valioso estudio que firma NAVAS BLÁNQUEZ, J.J.: «El embargo y decomiso de criptomonedas en el Espacio Judicial Europeo», en *Revista de Estudios Europeos,* núm. 1, 2023, pp. 349 y ss.
33. A algunos de estos ejemplos alude expresamente el Reglamento 2023/1543 en el Considerando 27º, en el que se destaca además que entrarían en su ámbito de aplicación los prestadores de servicios que incluyen «mercados en línea», que proporcionan a los consumidores y empresas la capacidad de comunicarse entre sí, servicios de «alojamiento de datos», también cuando ese servicio se presta a través de la «computación en la nube», así como las «plataformas de juegos» y «juegos de apuestas en línea».
34. Sobre la importancia que además tiene la armonización penal-sustantiva para el fortalecimiento de la eficacia de la cooperación transfronteriza, *vid.* TEJADA, E.: «Marco normativo frente a la ciberdelincuencia en la Unión Europea», en *Marco normativo de la UE para la transformación digital*, E. Velasco Núñez (Dir.), La Ley, Madrid, 2023, pp. 213 y ss. Más en particular, sobre un tipo de ciberdelitos en expansión, BUENO DE MATA, F.: *Investigación y prueba de delitos de odio en las redes sociales,* Tirant lo Blanch, Valencia, 2023.

Por si lo antedicho no fuera bastante, pensemos además en el aumento exponencial del empleo del Internet of Things, de la domótica, de los sistemas de realidad virtual, de la tecno-medicina o de la Inteligencia Artificial generativa, por mencionar ahora algunos ámbitos tecnológicos en constante expansión, con los que se producen y almacenan una importante cantidad de datos que pueden ser muy relevantes en un buen número de causas penales[35].

Por lo tanto, es imprescindible disponer de instrumentos normativos que permitan a las autoridades competentes obtener esa información electrónica tan necesaria, de manera selectiva, precisa, rápida, eficaz y a través de canales fiables, al tiempo que se ha de asegurar el pleno respeto de los derechos esenciales de los afectados por las solicitudes, que desde luego incluyen los principios de necesidad y proporcionalidad de las órdenes[36], de las garantías procesales fundamentales, así como la protección de los datos personales, el secreto de las comunicaciones, la intimidad, la libertad de prensa y de expresión, o la confidencialidad de las comunicaciones entre abogado y cliente, por mencionar ahora algunos derechos que pueden verse afectados con la entrega de estos datos por los PSI. Volveremos sobre la cuestión de la protección de los derechos de los afectados y de los propios PSI a lo largo de este trabajo.

Baste destacar ahora que el art. 1 del Reglamento 2023/1543, en su apdo. 3º recuerda que esta norma no podrá tener por efecto modificar la obligación de respetar los derechos fundamentales y los principios jurídicos tal y como se recogen en la Carta y en el art. 6 del TUE, y que «cualesquiera obligaciones aplicables a las autoridades policiales o autoridades judiciales a este respecto permanecerán inmutables». Añade que este Reglamento se aplicará «sin perjuicio de los principios fundamentales, en particular la libertad de expresión y de información, incluidos la libertad y el pluralismo de los medios de comunicación, el respeto a la vida privada y familiar, la protección de los datos personales y el derecho a la tutela judicial efectiva».

35. Como destaca DE BUSSER, muchos de estos datos pueden parecer insignificantes o poco concluyentes considerados por separado, pero también pueden ofrecer una información crucial cuando se investiga un delito concreto, fuere del tipo que fuere. *Vid.* «EU-US Digital Data Exchange…», *op. cit.*, esp. p. 1252.

36. Sobre el principio de proporcionalidad, precisamente en el ámbito del procesal penal europeo, por todos, KOSTORIS, R.: *Processo penale e paradigmi europei*, Giappichelli, Torino, 2018, esp. pp. 120 y ss., donde el autor reflexiona sobre este «*strumento prezioso*» que permite dotar de la necesaria flexibilidad a las decisiones, al tiempo que demanda una ponderación de los intereses en juego, que deberá realizarse de manera racional y argumentada.

III

Emisión y validación de una Orden Europea de producción

En función del tipo de datos que se soliciten al PSI, estas que referimos a continuación serán las distintas autoridades que podrán emitir o validar la orden europea de producción. Esta cuestión se regula con detalle en el art. 4 del Reglamento.

Si se solicitan datos de abonados[1] o datos con el único fin de identificación de usuarios[2], la orden podrá ser emitida por un juez, tribunal o fiscal[3] competente en el asunto de que se trate, o bien por cualquier otra autoridad competente, según la defina el Estado emisor, que en el asunto

1. Si acudimos al Anexo I del Reglamento, que contiene el modelo del EPOC, podemos ver en la Sección F que por «datos de abonados» se entiende: nombre, fecha de nacimiento, dirección postal o geográfica, datos de contacto (dirección email, número de teléfono) y otra información sobre identidad del usuario o abonado; fecha y hora de la suscripción inicial, tipo de suscripción, copia del contrato, medios de verificación de la identidad en el momento de la suscripción, copias de los documentos facilitados por el abonado; tipo de servicio y duración, incluidos los identificadores utilizados por el abonado (número de teléfono, de tarjeta SIM, dirección MAC) y dispositivos asociados; perfil del usuario (nombre, foto de perfil); validación de la utilización del servicio; información sobre tarjeta de débito o crédito facilitada por el usuario a efectos de facturación, u otros medios de pago; códigos PUK.
2. En el mismo Anexo I, Sección F, apdo. b), se indica que son los registros de conexión IP, como direcciones IP, registros y números de acceso, puertos de origen, sellos de tiempo, identificador de usuario e interfaz; periodo de tiempo respecto del que se piden esos datos.
3. Destaca el Considerando 36º que, aunque los datos de abonados y de identificación de usuarios son «de carácter menos sensible», y por eso se permite la emisión o validación de una orden de producción al fiscal competente, éstos deben ejercer sus responsabilidades de manera objetiva, tomando sus decisiones sobre emisión o validación del EPOC «únicamente sobre la base de elementos fácticos del expediente y teniendo en cuenta todas las pruebas inculpatorias y exculpatorias».

actúe como autoridad de investigación en procesos penales y efectivamente tenga competencia para ordenar la obtención de esas pruebas según el Derecho nacional, si bien en este último caso la orden deberá ser validada, previa comprobación de que cumple las condiciones para la emisión según el Reglamento, por un juez, tribunal o fiscal del Estado emisor[4].

Si lo que se pretende obtener del PSI son datos de tráfico[5] o de contenido[6], la orden solo podrá ser emitida por juez o tribunal competente en el asunto —no por un fiscal[7]—, o bien por cualquier otra autoridad de investigación competente para ordenar la obtención de esas pruebas según el Derecho nacional, aunque en este segundo supuesto la orden deberá ser validada por juez o tribunal competente del Estado emisor —no por un fiscal—.

Según aclara el apdo. 4º del art. 4, si la orden para la obtención de datos ha sido validada por una autoridad judicial competente, esta autoridad

4. Aclara el Reglamento en su Considerando 37º que, en principio, a fin de garantizar la plena protección de los derechos fundamentales, la *validación de la orden debe obtenerse antes de la emisión del EPOC*; sólo en casos urgentes en que se soliciten datos de abonados o de identificación de usuarios, o bien la mera conservación de datos, si no es posible obtener a tiempo la validación por la autoridad judicial y se trata de una amenaza inminente, puede emitirse el EPOC sin tal validación. En todo caso, siempre que la autoridad pudiera haber emitido una orden en esas circunstancias, en un asunto nacional similar, sin validación judicial previa.
5. Según el propio Anexo I, Sección F, apdo. c), son datos de tráfico a estos efectos los siguientes; para telefonía móvil: identificadores de salida y entrada, teléfono, IMSI e IMEI, hora y duración de las conexiones, tentativas de llamada, identificación de la estación de base, incluida la información geográfica en el momento de inicio y fin de la conexión, portador utilizado; para internet: dirección IP de origen y destino, número de puerto, navegador, identificación del mensaje, de la estación de base, volumen de datos, fecha y hora de la conexión, duración de las conexiones o sesiones de acceso; para el alojamiento: los datos sobre archivos de registro, tickets; además, otros como el historial de adquisición y de recarga del saldo prepago.
6. En el referido Anexo I, Sección F, apdo. d), se mencionan como datos de contenido los siguientes: volcado del buzón web, de los datos generados por el usuario, de páginas, registro y copia de seguridad de los mensajes, volcado de mensajes de voz, contenido del servidor, copia de seguridad del dispositivo, lista de contactos.
7. Sobre esta cuestión ya se pronunció el TJUE en su Sentencia de 16 de diciembre de 2021, asunto C-724/19, en relación con la imposibilidad de emisión de una OEI por un Fiscal: si se solicitan datos de tráfico y/o de localización de comunicaciones telemáticas, la competencia para la emisión de la Orden es exclusiva del Juez, y por supuesto si se pidieran datos de contenido. Las solicitudes de cooperación internacional que podrán cursar los Fiscales en relación con diligencias de investigación solo podrán referirse a actuaciones no limitativas de derechos fundamentales. Así se indica expresamente también en la *Circular 2/2022, de 20 de diciembre, sobre la actividad extraprocesal del Ministerio Fiscal en el ámbito de la investigación penal*, p. 127.

—juez, tribunal o fiscal— también se considerará autoridad emisora a los efectos de transmisión del EPOC.

Si se tratara de un caso *urgente*, tal y como se define en el apdo. 18°[8] del art. 3, las referidas «autoridades de investigación» en procesos penales —concretamente para este supuesto, las que no son jueces ni fiscales—, podrán excepcionalmente emitir la orden europea de producción de datos de abonados, o de datos con el único fin de identificación del usuario, o la orden de conservación, «*sin validación previa de la orden de que se trate*», cuando tal validación no pudiera obtenerse a tiempo y si esas autoridades estuvieran facultadas para emitir una orden de investigación en un asunto nacional similar sin validación previa. En esos casos la autoridad emisora solicitará la validación *ex post*, sin demora indebida, a más tardar en 48 horas. Si no se concediera tal validación, la autoridad emisora retirará la orden inmediatamente y suprimirá cualquier dato obtenido o restringirá su uso, tal y como dispone el apdo. 5° del art. 4 del Reglamento.

Las condiciones para la emisión de un EPOC son las siguientes y se concretan en el art. 5 del Reglamento que nos ocupa.

Deberá ser una solicitud «*necesaria y proporcionada*» a efectos de los procesos penales en curso, o para la ejecución de sentencias pendientes, en los términos antes expuestos, «*teniendo en cuenta los derechos de la persona sospechosa o acusada*», y sólo podrá emitirse si se pudiera haber dictado una orden similar en esas mismas condiciones en un asunto nacional de características semejantes.

Se especifican a continuación más condiciones que debe reunir la petición, distinguiendo el Reglamento 2023/1543 en función del tipo de datos solicitados al PSI:

Si con la orden de producción se pretende la obtención de datos de abonados o datos con fines de identificación del usuario, el EPOC se podrá emitir para la investigación de todas las infracciones penales, así como para fines de ejecución de pena o medida de seguridad privativa de libertad de al menos cuatro meses, impuesta tras un proceso penal y por resolución no dictada en rebeldía, en los casos en que el condenado haya huido de la justicia.

8. «*Situación en la que exista una amenaza inminente para la vida, la integridad física o la seguridad de una persona o para una infraestructura esencial* (...)».

Si se necesita obtener otros datos de tráfico o de contenido, solo podrá emitirse un EPOC si las infracciones penales se castigan en el Estado emisor con una pena máxima privativa de libertad de al menos tres años. No obstante, si se han cometido una serie de infracciones penales total o parcialmente por medio de un sistema de información[9], o si se trata de delitos relacionados con el terrorismo, abusos y explotación sexual de menores, también podrá emitirse una orden de producción, aunque la pena máxima privativa de libertad no alcance en el Estado emisor, para esos concretos tipos delictivos, el referido límite temporal de los tres años. Son supuestos estos en los que las pruebas estarán normalmente disponibles solo en formato electrónico, especialmente volátil. Además, estas infracciones estrechamente ligadas al ámbito cibernético, aunque consideradas individualmente no fueran graves, sí pueden causar daños muy extensos y de elevado perjuicio general.

Al igual que en el supuesto anterior, también se podrá emitir EPOC para obtener datos de tráfico o de contenido si es para posibilitar la ejecución de una pena o medida de seguridad privativa de libertad de al menos cuatro meses a raíz de un proceso penal, impuesta por resolución que no haya sido dictada en rebeldía, en los casos en que la persona haya huido de la justicia.

En el apdo. 5º del art. 5 se especifica la información que debe constar en la orden de producción. Es importante ver con detalle el Anexo I al Reglamento 2023/1543, que contiene el propio formulario del EPOC.

Habrán de figurar las autoridades de emisión y, en su caso, de validación, datos del PSI destinatario —establecimiento designado o representante legal—, datos del usuario u otra información que permitan su identificación, categoría de datos y concreta información electrónica que se solicita al PSI, período de tiempo sobre el que se piden los datos, disposiciones penales aplicables en el Estado emisor, razones en su caso de la urgencia en la entrega

9. *Vid*. especificaciones en el art. 5.4, apdo. b) del Reglamento, con remisiones a distintos preceptos de varias Directivas UE. Se refiere al uso fraudulento de instrumentos de pago distintos del efectivo, a infracciones relacionadas con abusos o explotación sexual de menores, o pornografía infantil, y a supuestos de acceso ilegal o ataques a sistemas de información. El Considerando 41º indica que las «*infracciones relacionadas con el ámbito cibernético*», incluso las que no pueden considerarse graves en sí mismas, «pero de elevado volumen y perjuicio general», justifican la aplicación de este Reglamento, también cuando llevan aparejada una pena máxima privativa de libertad inferior a los tres años. Suponemos que está pensando el legislador UE, por ejemplo, en pequeñas estafas a través de medios de pago o de compraventa online, que individualmente consideradas serían poco relevantes por las relativamente pequeñas cantidades estafadas o sustraídas, pero que cuando son masivas causan un perjuicio extenso y cierta alarma social.

de datos, *motivos para determinar que la orden europea de producción cumple las condiciones de necesidad y proporcionalidad, así como «una descripción sucinta del caso»*.

En este punto debemos llamar la atención sobre un extremo relevante por sus consecuencias prácticas. Si nos fijamos en lo que dispone el Anexo I —modelo de certificado EPOC—, concretamente en su Sección M, acerca de *«Otra información que debe incluirse (en la) orden europea de producción (no debe enviarse al destinatario; debe facilitarse a la autoridad de ejecución en caso de que se exija notificar a esta):*

La motivación para determinar que la orden europea de conservación (sic; se entiende que de producción) cumple las condiciones de necesidad y proporcionalidad; y Una descripción sucinta del caso», resulta que el PSI destinatario no recibirá información alguna sobre la necesidad y proporcionalidad del EPOC, ni tampoco una información sucinta sobre el caso. Esa información solo la contendrá el formulario EPOC en caso de que deba entrar en juego el «mecanismo de notificación» a la autoridad competente del Estado de ejecución, lo que, como veremos después, no sucederá en muchas ocasiones.

Conviene que los operadores jurídicos revisen muy bien los formularios a emplear en estos instrumentos de cooperación, pues no siempre se corresponden exactamente con el tenor de los preceptos que integran el texto normativo. Los formularios tienen una gran importancia en la práctica, pues son finalmente los documentos jurídicos que se van a transmitir entre las autoridades implicadas en la cooperación, los que contienen los concretos términos de la solicitud que se cursa. Deben contener la información que el legislador UE ha considerado necesaria a tal fin, ni más, ni menos.

En este punto los responsables de las Unidades de Investigación Tecnológica y Delitos Telemáticos de Policía Nacional y Guardia Civil recomiendan insistentemente, a modo de «buenas prácticas»[10], que en las solicitudes que cursan directamente estos cuerpos policiales, o bien en las que validan las autoridades judiciales, se acoten bien y se limiten correctamente las peticiones, asegurándose de que solo se solicitan los datos realmente necesarios para la causa, y que no se piden todos los datos disponibles sobre los investigados, debiéndose especificar el concreto período de tiempo de la petición. Y todo ello por dos razones muy claras: en primer lugar, para

10. Así lo hacen en los cursos de formación de Jueces y Fiscales expertos en cooperación en los que he intervenido y donde he tenido ocasión de escuchar sus valiosas recomendaciones.

respetar los principios de necesidad y proporcionalidad de la injerencia; en segundo término, no menos importante, para que la respuesta de los PSI en forma de datos no sea tan extensa que resulte muy difícil o casi imposible de procesar en un tiempo razonable, en definitiva, para que no sea muy complicado extraer la información que es necesaria y realmente útil para la investigación en curso.

También destacan los referidos miembros de estas Unidades de Investigación especializada la importancia de que en las solicitudes de datos se identifique bien la naturaleza del caso, contextualizando el ilícito lo mejor posible. Cierto es que las autoridades han de ser muy cautas a la hora de proporcionar información a los PSI sobre las investigaciones en curso, para evitar exponer datos operativos, pero al mismo tiempo será preciso justificar ante la autoridad de ejecución la necesidad de obtener esos datos y los fines legítimos de su empleo por las autoridades de emisión.

Insisten además estos especialistas en la importancia de proporcionar siempre identificadores válidos y todo lo precisos que se pueda en la solicitud; es decir, de indicarle al PSI correctamente los datos y referencias técnicas de que se dispone y que permitirán al proveedor de servicios localizar con rapidez la cuenta o información almacenada de un determinado usuario[11].

Además, en relación con la cuestión ya referida de evitar el *fórum shopping*, se recomienda especificar también en la solicitud cuáles son los preceptos de la concreta legislación nacional que les permite a esas autoridades de investigación, que no son jueces ni fiscales, realizar la petición que cursan. Sería aconsejable indicar los artículos de las leyes nacionales que efectivamente les reconoce como autoridad legalmente habilitada para realizar esa petición de datos.

En relación con las situaciones de «urgencia» o «emergencia», los responsables de esas Unidades Técnicas de Policía y Guardia Civil recomiendan hacer constar esta circunstancia solo de manera excepcional, para circunstancias muy específicas y bien concretadas[12]. Es decir, habrá que justificar que la información que se solicita es crucial para seguir adelante con la investigación y para evitar que prosiga o que se consume el delito inminente

11. Será preciso consultar las respectivas políticas de cada proveedor para averiguar qué tipo de identificadores son válidos para ellos.
12. Por ejemplo, un caso de secuestro de personas suele considerarse por los PSI situación de emergencia si la persona sigue secuestrada, pero no si la información se solicita una vez que la persona ha sido liberada, aunque la investigación para encontrar a los secuestradores siga en marcha.

que se prepara, con riesgo claro para la vida o seguridad de las personas[13]. También a modo de «buenas prácticas», para evitar rechazos o retrasos en las peticiones calificadas de «urgentes», se recomienda, si fuera posible, indicar quiénes son las personas amenazadas o en riesgo, contextualizar el delito y la investigación, indicar por qué las personas cuyos datos se piden son concretamente el sospechoso o la víctima en peligro y, finalmente, limitar el período temporal de los datos pedidos a lo estrictamente necesario[14].

Volviendo al contenido del propio formulario del EPOC, en el Anexo I del Reglamento podemos leer que, en todos los casos, el destinatario de éste, una vez recibido el EPOC, deberá actuar con prontitud para conservar los datos solicitados hasta que sean entregados, o hasta que se le notifique que ya no son necesarios. Además, el destinatario también tendrá que adoptar las medidas necesarias para garantizar la confidencialidad, el secreto y la integridad del EPOC, así como de los datos entregados o conservados.

Hemos de detenernos a continuación en un extremo de gran trascendencia teórica y práctica, que se aborda en el apartado 9º del art. 5 del Reglamento que nos ocupa.

En el caso de que los datos solicitados estuvieran protegidos por el secreto profesional en virtud del Derecho del Estado emisor y fueran almacenados o tratados por el PSI como parte de una infraestructura que se proporciona a profesionales amparados por ese secreto profesional en su actividad empresarial —*v.gr.*: correo electrónico profesional del abogado—, sólo podrá emitirse un EPOC para obtener datos de tráfico o de contenido, cuando el profesional al que le ampara ese secreto reside en el Estado emisor, en los casos en que dirigirse al profesional pudiera perjudicar la investigación, o cuando éste hubiera renunciado a las prerrogativas de tal secreto profesional de conformidad con el Derecho aplicable.

Sobre este punto no se contiene explicación adicional alguna en los Considerandos del Reglamento; en concreto el 45º se limita prácticamente a repetir la literalidad del apdo. 9º del art. 5.

13. De hecho, salvo justificaciones adicionales en un contexto concreto, los PSI no suelen considerar situaciones de emergencia cuando se trata de prevenir la comisión de delitos de manera genérica, ni tampoco el hecho de que esté a punto de finalizar el plazo legalmente previsto para la instrucción del delito.

14. Si la situación de emergencia está ocurriendo en la actualidad, seguramente no haya razón para solicitar información al PSI en relación con esa cuenta, por ejemplo, desde hace un año.

Esta cuestión relativa al secreto profesional, que puede afectar también a periodistas, médicos o religiosos, entre otros, cobra gran importancia si nos fijamos en los abogados y procuradores en el ejercicio de su «actividad empresarial»[15] o profesional en sentido amplio.

Según podemos deducir del referido precepto del Reglamento, los datos de abonados y de identificación de usuarios podrán obtenerse con los presupuestos y requisitos generales, pero si se necesitaran datos de tráfico o de contenido, habrá de darse alguno de los requisitos adicionales: residencia del profesional en el Estado emisor, posible perjuicio a la investigación si se le piden los datos al profesional, o renuncia de éste a las prerrogativas del secreto.

Por lo tanto, toda esa información deberá proporcionarse por parte de la autoridad de emisión o validación —juez o tribunal competente—, así que tendrá que constar y acreditarse en el propio EPOC, para que de esta manera el PSI destinatario de la petición, y eventualmente la autoridad judicial del Estado de ejecución, puedan controlar estos extremos. Concretamente podría incluirse en el apdo. a) Sección F del Anexo I, donde se especifica «*otra información pertinente relativa a la identidad del usuario o abonado*», en la Sección M: «*descripción sucinta del caso*» —si bien esa información no la recibirá el PSI, solo la autoridad de ejecución—, o tal vez al final del propio EPOC: «*Cuando proceda, añada cualquier otra información que la autoridad de ejecución pueda necesitar para valorar la posibilidad de invocar motivos de denegación*».

El llamado «privilegio abogado-cliente» o, más bien, el secreto profesional que ampara las comunicaciones entre el cliente y su abogado es parte esencial del derecho fundamental a la defensa efectiva[16]. En consecuencia, tanto las autoridades de emisión, como el PSI y las de ejecución en su caso, deberán velar porque ese secreto solo sea levantado en la medida estrictamente necesaria y observando los requisitos que exige este apdo. 9º del art. 5 del Reglamento. La autoridad de emisión o validación deberá entonces documentar y asegurarse todo lo posible de que se dan los presupuestos normativos.

Sobre esta importante cuestión ya se manifestó desde un primer momento, en fase de Propuesta de Reglamento, el Consejo de la Abogacía Europea

15. El Considerando 45º se refiriere a su «capacidad empresarial».
16. *Vid.* el interesante estudio de Derecho comparado dirigido por BACHMAIER WINTER, L. y MARTÍNEZ SANTOS, A.: *Asistencia letrada, confidencialidad abogado-cliente y proceso penal en la sociedad digital*, Marcial Pons, Madrid, 2021.

—*CCBE*[17]—, en particular sobre la importancia de preservar la confidencialidad de las comunicaciones abogado-cliente en los casos en que se solicitara a un PSI información que pudiera llegar a afectar ese derecho.

Para facilitar que los proveedores de servicios pudieran conocer en qué casos concurre esta circunstancia, que podría no haber sido detectada por la autoridad de emisión, el CCBE propuso ayudar a crear un mecanismo que identificara abogados en ejercicio, previa recopilación de los listados de profesionales que suministraran los propios Colegios profesionales. Este tipo de herramientas ya se utilizan en el contexto del sistema e-Codex, que entre otras utilidades ofrece una infraestructura digital para una comunicación transfronteriza segura en materia de justicia[18].

De otro lado, si los datos de tráfico o de contenido que se han de solicitar pudieran estar protegidos por «*inmunidades o privilegios*[19] *concedidos en virtud del Derecho del Estado de ejecución*», o si tales datos están sujetos a normas sobre determinación o limitación de la responsabilidad penal en relación con la libertad de prensa y la libertad de expresión en otros medios de comunicación, la autoridad emisora podrá pedir aclaraciones antes de emitir el EPOC, también consultando a las autoridades competentes del Estado de ejecución, bien directamente, o a través de Eurojust o de la Red Judicial Europea. Si finalmente considera que se podrían vulnerar esos derechos, inmunidades o privilegios, no emitirá la orden, según concluye el apdo. 10º del art. 5.

Además, no perdamos de vista que la autoridad emisora sólo puede emitir el EPOC si pudiera haber dado una orden de ese tipo en las mismas condiciones en un asunto nacional similar, según se destaca en el Considerando 47º.

---

17. *Posición del CCBE sobre la Propuesta de Reglamento de la Comisión sobre las Órdenes europeas de entrega…*, *op. cit.*, *vid.* esp. pp. 19 y 20.
18. Puede consultarse la información contenida en: https://www.e-codex.eu
19. Como recuerda el Considerando 47º de este Reglamento, no existe en el Derecho de la Unión una definición común de lo que constituye un privilegio o una inmunidad, por lo que esta cuestión se deja en manos de los Derechos nacionales y puede incluir protecciones que se aplican, por ejemplo, «*a las profesiones médicas y jurídicas*», incluso cuando en dichas profesiones se utilicen plataformas especializadas. Se alude también en tal Considerando, a modo de ejemplo, a categorías de personas, como los diplomáticos, o a relaciones especialmente protegidas, como la prerrogativa de secreto profesional en la relación abogado-cliente o el derecho de los periodistas a no revelar sus fuentes de información. Este tipo de inmunidades o privilegios se contemplan también en otros instrumentos de reconocimiento mutuo, como la Directiva OEI, art. 11 apdo. 1º.

Finalmente, téngase en cuenta que el destinatario del EPOC emitido será directamente el establecimiento designado por el PSI o su representante legal a estos efectos[20].

De manera excepcional y si se tratara de casos urgentes tal y como se definen en el propio Reglamento, cuando el establecimiento o su representante no reaccionara a la recepción del EPOC en los plazos establecidos, tal certificado se podría remitir a cualquier otro establecimiento o representante legal que tuviera el PSI en la Unión, según indica el art. 7.

20. Por su parte el art. 5 aclara lo siguiente en su apdo. 5º: las órdenes europeas de producción se dirigirán al prestador de servicios que actúe como responsable del tratamiento de conformidad con el Reglamento (UE) 2016/679. Como excepción, se podrá dirigir directamente al proveedor de servicios que almacene o trate de otro modo los datos en nombre del responsable del tratamiento, cuando no se pueda identificar al responsable del tratamiento pese a los esfuerzos razonables de la entidad emisora, o si dirigirse al responsable del tratamiento pudiera perjudicar la investigación.

IV

Emisión y validación de una Orden Europea de Conservación

La «orden europea de conservación», como su propio nombre indica, tiene por finalidad la rápida conservación de la información electrónica que posteriormente va a ser objeto de una petición de entrega de esos datos a través de la correspondiente orden europea de producción, o bien en el marco más amplio de una orden europea de investigación.

Con este instrumento se trata de impedir la retirada, supresión o alteración de los datos que almacena el PSI en el período del tiempo necesario para la tramitación de la solicitud de entrega de éstos.

Desde luego es una petición muy conveniente cuando se aprecia un mínimo riesgo de pérdida o alteración de los datos que se necesitan, si bien en el sistema que instaura el Reglamento 2023/1543 no es necesario solicitar al PSI la conservación antes de pedir la producción o entrega de los datos[1].

El EPOC-PR sólo se podrá emitir si se cumplen las mismas condiciones que se exigen para el EPOC, *mutatis mutandis*, según indica el art. 6 del

1. Lo cual sí sucede actualmente en el marco de la asistencia internacional que prestan los PSI implantados en EE.UU.: para la entrega de datos estos PSI exigen que previamente se haya solicitado la conservación de los mismos; en otro caso, denegarán la asistencia. Véase el documento elaborado por la Magistratura de enlace de España en EE.UU. *Guía práctica sobre preservación y obtención de datos en internet en EE.UU*, 2019, parcialmente actualizada en 2021: el Dpto. de Justicia norteamericano exige que la autoridad judicial o el cuerpo policial solicite la preservación de los datos tan pronto se inicie la investigación, contactando directamente con el PSI o a través de la Red 24/7 del Convenio de Budapest. Una vez que se haya llevado a cabo la preservación, se podrán después solicitar los datos. Dicho de otra manera, no se tramitará comisión rogatoria alguna para la obtención de datos si antes no se ha procedido a su preservación.

Reglamento, y siempre y cuando se pudiera haber emitido en un asunto nacional similar o para ejecución de penas o medidas de seguridad privativas de libertad de al menos cuatro meses, no impuestas en rebeldía y cuando el condenado hubiera huido de la justicia.

Según aclara el Considerando 49º, debe ser posible emitir una orden europea de conservación «*para cualquier infracción penal*».

Por lo demás, el contenido del EPOC-PR es similar al del EPOC; *vid.* Anexo II del Reglamento, que contiene el modelo del Certificado de orden europea de conservación de pruebas electrónicas.

Indica el art. 6. apdo. 4, g) del Reglamento que la orden europea de conservación deberá incluir información en relación con los motivos para poder determinar que ésta cumple las condiciones de necesidad y proporcionalidad, a fin de evitar la retirada, supresión o alteración de datos[2], si bien no se exige «*una descripción sucinta del caso*», que como hemos visto sí es necesario incluir en el certificado de la orden de producción cuando éste se ha de notificar a la autoridad de ejecución.

El destinatario del EPOC-PR será el mismo que el del EPOC, según indica el art. 7, precepto común para ambos instrumentos.

En el referido modelo del EPOC-PR contenido en el Anexo II puede leerse que el PSI destinatario del mismo deberá «*sin demora indebida*» tras la recepción del documento, conservar los datos solicitados; conservación que deberá cesar transcurridos sesenta días, a menos que la autoridad emisora la amplíe por treinta días más o confirme que se ha emitido una solicitud posterior de entrega de datos —EPOC—.

Si la autoridad emisora efectúa tal confirmación, el PSI destinatario deberá conservar los datos durante el tiempo necesario para entregarlos una vez se haya recibido la solicitud posterior de entrega. Y desde luego, como ocurre con el EPOC, el PSI debe adoptar las medidas y cautelas necesarias para garantizar la confidencialidad, secreto e integridad del EPOC-PR y de los datos cuya conservación se ha solicitado por la autoridad de emisión o de validación.

2. Llamamos la atención sobre un error en el Anexo II, que es el que contiene el certificado EPOC-PR: aunque el articulado del Reglamento exige que la autoridad de emisión haga constar esos motivos que le permiten afirmar que la solicitud de conservación de datos es necesaria y está proporcionada para los fines pretendidos, en el referido formulario del Anexo II no encontramos el apartado donde la autoridad de emisión debe plasmar tales motivos. Habrá que incluirlos por tanto en algún otro de los apartados existentes; por ejemplo, en la Sección E, apdo. b).

V

El mecanismo de notificación del EPOC a la autoridad del Estado de ejecución

La cuestión relativa a los supuestos en que se ha de notificar a la autoridad del Estado de ejecución la emisión/recepción del EPOC ha sido una de las más controvertidas, tanto en las negociaciones entre las propias instituciones UE, como con los distintos «grupos de interés».

La solución finalmente alcanzada por el Parlamento europeo y el Consejo en torno a de qué manera y en qué casos debía operar el denominado «*mecanismo de notificación*» ha variado notablemente desde la versión inicial contenida en la Propuesta de Reglamento que la Comisión presentó en 2018[1]. Desde luego, entre otros, el contundente Informe elaborado por la Comisión LIBE del Parlamento europeo[2] y por el Supervisor Europeo de Protección de Datos[3], fueron determinantes para que no se aprobara un modelo de

1. En la cual, la intervención de la autoridad del Estado de ejecución sólo se produciría en caso de que el EPOC no pudiera ejecutarse, o si el PSI no cumpliera en plazo con la orden recibida y no diera razones que fueran aceptadas por la autoridad de emisión. Véase cómo estaba regulada esta cuestión en la Propuesta de 2018, y las numerosas críticas que suscitó, en DE HOYOS SANCHO, M.: «Reflexiones acerca de la propuesta de Reglamento…», *op. cit.*, esp. pp. 15 y 16.
2. El ya *supra* citado Informe sobre la Propuesta de Reglamento del Parlamento europeo y del Consejo sobre las órdenes europeas de entrega y conservación de pruebas electrónicas a efectos de enjuiciamiento penal, Comisión de Libertades Civiles, Justicia y Asuntos de Interior –LIBE–, Ponente: Birgit Sippel, de 11.12.2020, COM(2018)0225 – C8-0155/2018 – 2018/0108(COD).
3. Informe fechado en 2020, sobre el texto de la Propuesta de Reglamento: el SEPD manifestó su preocupación por el hecho de que «se deje en manos de los proveedores de servicios la importante responsabilidad de revisar que los certificados de orden europea de entrega (EPOC) y los certificados de orden europea de conservación (EPOC-PR) cumplen la Carta, y recomienda que *las autoridades judiciales designadas por el Estado miembro de ejecución participen, lo antes posible, en el proceso de recopilación de pruebas electrónicas*» –cursivas añadidas–.

cooperación directa entre autoridades de emisión y PSI en los términos inicialmente contenidos en la Propuesta de 2018[4].

En todo caso, como podremos comprobar tras el análisis del referido «mecanismo», esta cuestión es clave para comprender el sistema de cooperación que en último término ha encontrado plasmación en el Reglamento 2023/1543, y para poder valorar las funciones de garantía que finalmente se atribuyen —o no— a la autoridad judicial del Estado de ejecución.

Se deduce del art. 8 apdo. 1° que la autoridad de emisión/validación sólo tendrá que notificar la orden de producción a la autoridad del Estado de ejecución, mediante la transmisión del propio EPOC también a esa autoridad[5] al tiempo que lo transmite al PSI, en los casos en que emita un EPOC para obtener datos de tráfico —excepto los de mera identificación del usuario—, o para obtener datos de contenido.

No obstante, especifica el apdo. 2° de este mismo art. 8 que tal notificación a la autoridad del Estado de ejecución *no se producirá* si en el momento de emitir la orden, la autoridad emisora *tuviera motivos razonables para suponer que*:

a) La infracción se ha cometido, se está cometiendo o es probable que se cometa en el Estado emisor[6], y

4. Una explicación sobre las principales opciones que las instituciones UE manejaron durante la tramitación de la Propuesta de Reglamento puede encontrarse en DE HOYOS SANCHO, M.: «Reflexiones acerca de la Propuesta...», *op. cit.* esp. epígrafe 3°.

5. En esos casos la autoridad de emisión incluirá cualquier información adicional que pueda ser necesaria para que la autoridad de ejecución esté en condiciones de valorar si concurre un motivo de denegación de los previstos en el art. 12; *vid.* apdo. 3° del art. 8. Además, en los casos en que entre en funcionamiento el «mecanismo de notificación» a la autoridad de ejecución, también se tendrá que cumplimentar la Sección M del Anexo II (formulario EPOC) para indicarle a ésta –no al PSI destinatario–, la motivación para determinar que la orden cumple las condiciones de necesidad y de proporcionalidad, así como una descripción sucinta del caso.

6. Según aclara el Considerando 52°, a los efectos de este Reglamento se considerará que una infracción se ha cometido, se está cometiendo o es probable que se cometa en el Estado emisor, si así se considera de conformidad con el Derecho nacional del Estado emisor. En particular en el ámbito de la ciberdelincuencia, algunos elementos fácticos, como el lugar de residencia de las víctimas, suelen ser indicios importantes que deben tenerse en cuenta a la hora de determinar dónde se ha cometido la infracción. De otro lado, aunque nada aclara a este respecto el Reglamento, esa «probable/futura comisión del delito» ha de ser inminente, o han de haberse realizado ya actos preparatorios punibles, claramente dirigidos a perpetrar el hecho delictivo, pues no se puede emitir un EPOC como diligencia preventiva de posibles delitos futuros, o meramente prospectiva.

b) La persona cuyos datos se solicitan reside en el Estado emisor[7].

Por lo tanto, como consecuencia lógica de lo antedicho, en esos supuestos en que se soliciten datos de tráfico o de contenido, si *la causa está vinculada sólida y sustancialmente al Estado emisor*[8], se producirá una cooperación directa entre la autoridad de emisión/validación y el PSI, *sin comunicación* de la solicitud de esas pruebas electrónicas a ninguna autoridad en el Estado de ejecución; y lo mismo ocurrirá si se piden datos de abonados o de mera identificación de un usuario[9].

Podemos suponer y concluir entonces que serán numerosos, probablemente la mayoría, los casos en que esta cooperación transfronteriza fluirá prácticamente con la única supervisión de la autoridad competente en el Estado de emisión; además, según veremos *infra*, las opciones que tendrán los propios PSI destinatarios de las órdenes para controlar los posibles motivos de denegación de la entrega de información resultarán ciertamente muy limitadas en la práctica.

Por lo tanto, sigue teniendo en parte vigencia la crítica que en su día, a la vista del Proyecto de Reglamento de 2018, expresaran entre otros MITSILEGAS o DANIELE, en el sentido de que nos dirigíamos a un modelo de «privatización de la confianza mutua», pues es previsible que, en un gran número de supuestos, vayan a ser los actores privados que son las compañías prestadoras de servicios quienes directa y exclusivamente ejecuten las peticiones que reciban de las autoridades extranjeras competentes,

7. El concepto de «residencia» a estos efectos se explica con detenimiento en el Considerando 53°, el cual destaca que ha de interpretarse «*de manera uniforme en toda la Unión*», donde se describen cuáles pueden ser considerados «*motivos razonables*» para pensar que una persona reside en el Estado emisor –v.gr. titular de DNI o permiso de residencia–, y se mencionan una serie de «*diversos factores objetivos*» –v.gr.: duración y naturaleza de su estancia en el Estado emisor, vínculos familiares o conexiones económicas– que pueden indicar que la persona de que se trata ha establecido «*el centro habitual de sus intereses*» en un Estado miembro determinado, o que tiene intención de hacerlo. Además, el momento para determinar si es necesario proceder a la notificación a la autoridad del Estado de ejecución ha de ser el momento en que se emite el EPOC; cualquier cambio de residencia posterior no debe afectar al procedimiento, dispone el Considerando 54°.

8. El Considerando 51° explica que, si se emite un EPOC «*para obtener pruebas electrónicas en procesos penales con vínculos sustanciales y sólidos con el Estado emisor, no debe exigirse ninguna notificación a la autoridad de ejecución*».

9. Aunque esto no es ninguna novedad, pues como hemos explicado *supra* la llamada «cooperación voluntaria directa» de los PSI con las autoridades de investigación se viene prestando de manera casi generalizada en relación con ese tipo de datos y desde hace mucho tiempo.

reemplazando así a sus propias autoridades nacionales en las tareas de recibir y evaluar las órdenes de entrega de información electrónica; todo ello, además, bajo la amenaza de fuertes sanciones en caso de incumplimiento[10].

En los supuestos en que sí sea preceptiva la notificación a la llamada «autoridad de ejecución», la autoridad de emisión deberá incluir en el EPOC, «*en su caso*», cualquier información adicional que pueda ser necesaria para valorar la posibilidad de invocar un motivo de denegación de la orden de producción de los del art. 12 del Reglamento. Además, deberá cumplimentar también la Sección M del formulario del EPOC[11] que vaya a recibir la autoridad de ejecución, apartado este en el que constarán los motivos para considerar que la orden de producción emitida es necesaria y proporcionada, así como una descripción sucinta del caso.

Tal notificación a la autoridad del Estado de ejecución, cuando deba producirse, tendrá un efecto suspensivo —máximo diez días— sobre las obligaciones de ejecución, es decir, de entrega de información por parte del PSI destinatario de la orden, salvo que se trate de un caso «urgente» en el sentido del propio Reglamento; así lo establece el apdo. 4º del art. 8.

Por lo demás, de la lectura de los preceptos dedicados a este «mecanismo» se deduce que la emisión de un EPOC-PR no se ha de notificar a la autoridad competente del Estado de ejecución en ningún caso, dada la escasa injerencia en los derechos del afectado por una medida de conservación de este tipo, según ha entendido el legislador de la Unión.

---

10. Véase con más detalle la argumentación de MITSILEGAS en su trabajo «The privatisation of mutual trust...», *op. cit.*, pp. 263 y ss., esp. p. 264. También las críticas en este mismo sentido de DANIELE: se confía a empresas privadas el control sobre la ejecución de las órdenes, con argumentos «esencialmente de tipo utilitarista». Destaca el autor que esta exclusión de los órganos estatales del Estado de ejecución no es exclusiva de la propuesta de Reglamento, pues una disposición semejante se encuentra en la CLOUD Act de 2018, su homólogo estadounidense. Se trata por tanto de una fuerte tendencia, a nivel global, que justamente por eso ha de ser valorada con la máxima cautela. *Vid.* «L'acquisizione delle prove digitali dai service ...», *op. cit.*, pp. 1288 y 1289.
11. *Vid.* Anexo II del Reglamento.

VI
Ejecución de los Certificados *EPOC* y *EPOC-PR*

Una vez que el PSI haya recibido el EPOC, el establecimiento designado o un representante legal a estos efectos del prestador de servicios, *«actuará con prontitud para conservar los datos solicitados»*, indica el art. 10, apdo. 1º del Reglamento.

A partir de ahí, para ver cómo se ejecutará concretamente el EPOC por el PSI, hemos de distinguir en función de si el tipo de datos solicitados ha exigido también notificación simultánea del certificado a la autoridad competente en el Estado de ejecución, o no.

Si se requiere tal notificación y la autoridad de ejecución no invoca motivo de denegación de los previstos en el art. 12 en los diez días siguientes a la recepción del EPOC, el PSI destinatario de la orden transmitirá los datos solicitados, directamente a la autoridad de emisión o a las autoridades policiales o judiciales indicadas en el EPOC *«al final de ese plazo de diez días»*. No obstante, si antes de que concluyera ese plazo de diez días la autoridad de ejecución confirmara a la autoridad de emisión y al PSI destinatario que no aprecia motivo de denegación, el PSI remitirá los datos que se le han pedido *«lo antes posible tras dicha confirmación»* y, en todo caso, a más tardar al final del plazo de los diez días.

Si no se requiere notificación a la autoridad de ejecución, una vez que el PSI reciba el EPOC, éste se encargará de transmitir directamente los datos solicitados a la autoridad de emisión, o a las autoridades policiales o judiciales indicadas en el EPOC, a más tardar en el plazo de los diez días desde la recepción de la orden. Esto será así, salvo que concurra alguna de las circunstancias que referiremos a continuación, y que harán que el PSI no pueda cumplir en tiempo y forma con su obligación de entrega en el referido plazo de los diez días —*vid.* apdos. 5º, 6º y 7º del art. 10—.

En los casos urgentes, según se define «*urgencia*» en el propio Reglamento[1], el PSI destinatario deberá remitir los datos solicitados «*sin demora indebida, a más tardar en un plazo de ocho horas tras la recepción del EPOC*».

No obstante, en el supuesto de que por el tipo de datos solicitados se requiriera notificación a la autoridad de ejecución, si ésta invocara motivo de denegación del art. 12. apdo.1°, deberá comunicar sin demora y a más tardar en 96 horas desde la recepción de la notificación, tanto a la autoridad de emisión, como al PSI destinatario, que en su calidad de autoridad de ejecución se opone al uso de los datos remitidos, o bien que éstos sólo pueden usarse en determinadas condiciones que también especificará.

Si los datos ya hubieran sido transmitidos a la autoridad de emisión, ésta suprimirá esos datos o restringirá su uso siguiendo las condiciones que haya indicado la autoridad de ejecución. Véase lo dispuesto en este sentido en el apdo. 4° del art. 10.

Los siguientes apartados del art. 10 se ocupan de los supuestos en que el PSI destinatario del EPOC no va a poder cumplir en los plazos antes indicados con la obligación de entrega de datos.

El primero de ellos es el que se enuncia en el apartado 5° de ese art. 10: si el PSI destinatario estima, basándose únicamente en la escueta información contenida en el EPOC que él va a recibir[2], que la ejecución de la orden «*podría interferir con las inmunidades o privilegios, o con las normas sobre determinación o limitación de la responsabilidad penal relacionadas con la libertad de prensa o la libertad de expresión en otros medios de comunicación, en virtud del Derecho del Estado de ejecución*», deberá informar de tales circunstancias a la autoridad

1. Art. 3, apdo. 18: «*situación en la que exista una amenaza inminente para la vida, la integridad física o la seguridad de una persona o para una infraestructura esencial, tal como se define en el artículo 2, letra a), de la Directiva 2008/114/CE, cuando la perturbación o destrucción de dicha infraestructura esencial pueda dar lugar a una amenaza inminente para la vida, la integridad física o la seguridad de una persona, también mediante perjuicios graves al suministro de productos básicos para la población o para el ejercicio de las funciones esenciales del Estado*».
2. Debemos nuevamente insistir en el hecho de que, en el Anexo I al Reglamento, el que contiene el modelo de EPOC, en su Sección M, se indica expresamente en relación con «*Otra información que debe incluirse en la orden europea de producción*», que será la relativa a la motivación sobre el cumplimiento de las condiciones de necesidad y proporcionalidad, así como una descripción sucinta del caso, que ésta. «*NO debe enviarse al destinatario*» –al PSI–, aunque sí «*debe facilitarse a la autoridad de ejecución en caso de que se exija notificar a ésta*». En consecuencia, la información que va a recibir el PSI sobre el asunto es muy escueta, prácticamente limitada a los aspectos técnicos de la petición. Suponemos que el legislador UE adoptó esta decisión en aras de salvaguardar el éxito de las investigaciones que se pudieran estar desarrollando en la causa penal en curso.

emisora y a la autoridad de ejecución, haciendo uso del modelo de formulario que se encuentra en el Anexo III[3].

Dicho de otra manera: las dudas que se le pudieran plantear al PSI respecto de que la orden pudiera afectar a estas inmunidades, privilegios o concretas libertades, provocarán necesariamente que las autoridades competentes, de emisión y también de ejecución, sean informadas sobre estos extremos por el PSI, incluso cuando no hubiera operado previamente la comunicación del EPOC a la autoridad de ejecución, por no requerir el tipo de datos solicitados que se pusiera en marcha el «mecanismo de notificación» a tal autoridad de ejecución.

En consecuencia, el Reglamento obliga expresamente al PSI a controlar —o más bien, a provocar el control por las autoridades—, si pudiera concurrir en particular alguno de esos concretos motivos citados en el apdo. 5º del art. 10 de denegación de la entrega de datos. Nótese bien que la norma no establece para el PSI esa obligación respecto de los otros motivos de denegación previstos en el art. 12 —vulneración de Derechos fundamentales, *non bis in ídem* y doble incriminación—, los cuales se reservan en fase de ejecución al control único y exclusivo por parte de la autoridad de ejecución, pero solo en los casos en que a ésta se le ha de notificar el EPOC cursado, claro está.

Las actuaciones siguientes transcurrirían respectivamente de esta manera:

Si a la vista del EPOC el PSI estima que la entrega de datos puede interferir en inmunidades o privilegios, o con normas sobre responsabilidad penal en relación con libertad de prensa o de expresión, cuando NO se ha efectuado notificación simultánea del EPOC a la autoridad del Estado de ejecución conforme al art. 8, la autoridad de emisión tendrá que decidir, por propia iniciativa o a petición de la autoridad de ejecución —informada a tal efecto, en virtud de lo indicado en el expuesto primer párrafo del apdo. 5º del art. 10—, si retira, adapta o mantiene la orden de producción.

En el caso de que la autoridad del Estado de ejecución sí hubiera sido notificada en aplicación del art. 8, la autoridad emisora decidirá si retira, adapta o mantiene la orden de producción, teniendo en cuenta que en este supuesto la autoridad de ejecución habrá podido decidir si opone alguno de los motivos de denegación del art. 12, entre los que se encuentra el que ahora nos ocupa —art. 12, apdo. 1, a)—.

3. *«Información sobre la imposibilidad de ejecutar un EPOC/EPOC-PR».*

A nuestro juicio, no será fácil que el PSI puede apreciar estos motivos de no cumplimiento de los EPOC que le cursen las autoridades de emisión competentes. Ya hemos indicado que la información que va a recibir el PSI sobre el asunto que se investiga o enjuicia es muy escueta, prácticamente limitada a los aspectos técnicos de la petición —*Vid.* Anexo I con el formulario—. De otro lado, los tendrá que valorar conforme a la legislación sobre inmunidades, privilegios, libertad de prensa o de expresión que esté vigente en el propio Estado de ejecución, lo que ciertamente puede no ser una tarea sencilla desde el punto de vista jurídico. Recordemos que estas cuestiones no están armonizadas en el ámbito UE[4], por lo que la autoridad de emisión podrá haber considerado que su petición no vulneraba esos derechos, desde su propia perspectiva nacional.

A la vista del tenor de este apdo. 5º del art. 10 y de la complejidad de la cuestión, nos podemos preguntar entonces qué postura adoptarán los PSI sobre este punto: ¿entregarán sin mayores consideraciones la información requerida para no tener que asignar más recursos empresariales al análisis de cuestiones jurídicas —y tal vez políticas— que pueden ser complejas, cuando además estarán recibiendo cientos de peticiones de datos al día y pendiendo sobre ellos la amenaza de una posible sanción si no cumple con la petición?, ¿o tal vez preferirán erigirse en garantes de los derechos fundamentales de sus clientes —recordemos que los PSI «venden» también privacidad— y analizarán estos motivos de denegación contenidos en la norma, con los pocos datos de la causa y de los respectivos usuarios de que pudieran disponer?

Lógicamente no podemos dar respuesta ahora a estos interrogantes; tendremos que esperar a ver cómo funciona el instrumento en la práctica.

4. *Vid.* Considerando 47º del Reglamento: «No existe en el Derecho de la Unión una definición común de lo que constituye un privilegio o una inmunidad. Por lo tanto, la definición precisa de estos términos se deja en manos del Derecho nacional y puede incluir protecciones que se aplican, por ejemplo, a las profesiones médicas y jurídicas, incluso cuando en dichas profesiones se utilicen plataformas especializadas (...)». Destaca ZIMMERMANN en relación con la cuestión de las inmunidades y privilegios en materia de cooperación transfronteriza, que las referencias a las profesiones médicas y jurídicas no agotaría el potencial del motivo de denegación: las disposiciones vinculadas a la edad de la persona afectada, como las relativas a la edad de responsabilidad legal y, en particular, a la responsabilidad penal, también pueden entenderse como inmunidades o privilegios. *Vid.* su trabajo «Die Europäische Ermittlungsanordnung: Schreckgespenst oder Zukunftsmodell für grenzüberschreitende Strafverfahren», *Zeitschrift für die gesamte Strafrechtswissenschaft*, 127 (1), 2015, pp. 143, esp. p. 153.

Además, puede que no todos los PSI adopten la misma postura en relación con esta cuestión.

Otro de los motivos por los que tal vez el PSI no pueda cumplir en plazo con su obligación de entrega de datos solicitados es porque el EPOC «*esté incompleto, contenga errores manifiestos o no contenga información suficiente para ejecutarlo*» —art. 10, apdo. 6º—.

En ese caso el PSI destinatario informará «*sin demora indebida*» a la autoridad emisora y, si hubo notificación en virtud del art. 8, también a la de ejecución, y solicitará aclaraciones utilizando el formulario del Anexo III.

En tales circunstancias, los datos que sí se hubieran podido identificar y localizar se conservarán en la medida de lo posible hasta su ulterior entrega, en virtud del EPOC ya aclarado o completado por la autoridad de emisión en un plazo máximo de cinco días, o bien por medio de mecanismos de asistencia judicial mutua —*vid.* apdo. 9º de este mismo art. 10—. De tal conservación se informará a la autoridad de emisión, quien desde luego deberá tratar de facilitar en plazo las aclaraciones y correcciones necesarias. Las obligaciones del PSI quedarán mientras tanto en suspenso, hasta que se complete el EPOC, o bien hasta su retirada.

También es posible que el PSI no pueda cumplir con su obligación de entregar en plazo los datos solicitados por concurrir una «*imposibilidad de hecho*[5] *debida a circunstancias ajenas a su voluntad*». En tales casos, como en el supuesto anterior, se informará sin demora a la autoridad de emisión, y a la ejecución si hubo notificación en virtud del art. 8, explicando los motivos de la imposibilidad de hecho, haciendo uso igualmente del formulario del Anexo III. Si en efecto la autoridad de emisión concluye también tal imposibilidad de entrega, informará al PSI destinatario y a la autoridad de ejecución en su caso, de que ya no es necesario dar cumplimiento a la petición transmitida en el EPOC.

Si se diera el caso de que el PSI destinatario no pudiera entregar en plazo todos los datos solicitados por motivos distintos a los indicados anteriormente[6] —los de los apdos. 5º, 6º y 7º del art. 10—, éste informará igualmente

5. En el Considerando 59º se menciona como supuesto de imposibilidad de hecho que la persona cuyos datos se solicitan no sea cliente del PSI o no pueda ser identificada, incluso después de pedir información complementaria a la autoridad de emisión, o bien si los datos fueron suprimidos lícitamente antes de que se recibiera la orden en cuestión.
6. FUENTES SORIANO concluye de la lectura de este apdo. 8º del art. 10 del Reglamento que se trata de una «cláusula residual» que permitiría al PSI alegar «cualquier otra

sin demora indebida —plazo máximo de cinco días— a las autoridades de emisión, y en su caso a las de ejecución, de los motivos concretos que lo impiden, haciendo uso igualmente del formulario del Anexo III. La autoridad de emisión revisará la orden europea de producción cursada, a la luz de la información que le traslade el PSI en tal formulario y, en caso necesario, fijará un nuevo plazo para la entrega de los datos.

Por lo que respecta a la ejecución del EPOC-PR, el art. 11 indica que, una vez recibido el certificado, el PSI destinatario procederá sin demora indebida a conservar los datos solicitados, obligación que cesará transcurridos 60 días, a menos que antes se confirme la emisión de un EPOC. Ese plazo de 60 días de conservación es prorrogable en virtud de una solicitud de la autoridad emisora, por un período adicional de 30 días si fuera necesario para preparar la emisión de la orden de entrega.

Al igual que sucede con la ejecución del EPOC, en los términos ya expuestos, también está previsto un control por parte del PSI sobre posibles interferencias de la orden de conservación con inmunidades y privilegios, o con las normas sobre determinación o limitación de la responsabilidad penal relacionadas con la libertad de prensa o expresión en virtud del Derecho del Estado de ejecución.

Se incluye igualmente mención en el art. 11, apdos. 5º, 6º y 7º a los demás motivos ya indicados de imposibilidad de cumplir con la petición que le cursa la autoridad de emisión, en este caso de conservación de los datos solicitados.

---

causa por la que no entregar o no conservar los datos, siempre que lo comunique a la Autoridad de emisión (y a la de ejecución, cuando se trate de órdenes de producción que tuvieron que ser notificadas con arreglo al artículo 8)». A juicio de la autora, esta «laxa cláusula residual» puede plantear problemas por su falta de concreción, y «solo la actuación diligente de la autoridad de emisión ante el incumplimiento y unas disuasorias sanciones económicas permitirán convertir en útil el instrumento diseñado por el Reglamento». *Vid.* más ampliamente su trabajo «Prueba penal transfronteriza...», *op. cit.*

VII

Motivos para la denegación de la Orden Europea de Producción

Como en todos los instrumentos de cooperación transfronteriza en el ámbito UE basados en el reconocimiento mutuo de resoluciones judiciales, también en este Reglamento encontramos posibles motivos de denegación de la cooperación solicitada[1].

Entendemos que tales motivos para rechazar el cumplimiento de una orden europea de producción[2] deberán interpretarse restrictivamente, pues el ámbito del «espacio de libertad, seguridad y justicia de la Unión» está informado por la confianza mutua y, salvo error o desconocimiento de datos adicionales por parte de la autoridad de emisión, hemos de suponer que ésta ya ha realizado el preceptivo examen de legalidad, necesidad y proporcionalidad de la medida solicitada, incluyendo por supuesto el control de las posibles causas de denegación expresamente referidas en el art. 12 del Reglamento.

De forma más general, en el apdo. 3º del art. 1 encontramos la ya habitual referencia expresa a la obligación de respetar los derechos fundamentales y

1. En la Propuesta de Reglamento de 2018 había menos motivos de denegación *–vid.* art. 14–, solo eran facultativos e incluso faltaba alguno «clásico» y relevante, como el relativo a la exigencia de doble incriminación. Ya lo pusimos de relieve en DE HOYOS SANCHO, M.: «Reflexiones acerca de la Propuesta…», *op. cit.*, pp. 30 y ss.
2. El Reglamento solo recoge motivos para denegar el reconocimiento de una orden europea de producción, no de conservación. Por lo tanto, las órdenes de conservación se han de cumplir por el PSI en todo caso, salvo que, en aplicación de lo dispuesto en el apdo. 4º del art. 11, éste tenga que haber dado parte a la autoridad emisora y de ejecución por cuestiones relativas a posibles inmunidades/privilegios o por afectar a la libertad de prensa o de expresión. También se denegará el EPOC-PR si éste estuviera incompleto, fuera erróneo, o por imposibilidad de hecho, si no se pudieran subsanar esas deficiencias, según hemos expuesto anteriormente.

principios jurídicos de la Carta y del art. 6 del TUE. En particular se mencionan también los siguientes «*principios fundamentales*»: libertad de expresión y de información, incluyendo la libertad y el pluralismo de los medios de comunicación, el respeto a la vida privada y familiar, la protección de los datos personales y el derecho a la tutela judicial efectiva.

En el Considerando 64° del propio Reglamento se indican los pasos a seguir y requisitos para que la autoridad de ejecución pueda llegar a concluir, siempre de manera excepcional y sobre la base de pruebas objetivas y concretas, que el cumplimiento de la orden supondría precisamente en ese caso una «*vulneración manifiesta*» de un derecho fundamental de los recogidos en el art. 6 TUE y en la Carta.

Para valorar dicho motivo de denegación, la autoridad de ejecución tendrá en cuenta si dispone de pruebas o elementos como los expuestos en una propuesta motivada de un tercio de los Estados miembros, del Parlamento europeo o de la Comisión europea, adoptada en virtud del art. 7, apdo. 1 del TUE, que indiquen que existe «*un riesgo claro, en caso de ejecución de la orden, de vulneración grave del derecho fundamental a la tutela judicial efectiva y a un juez imparcial en virtud del art. 47 de la Carta, debido a deficiencia sistémicas o generalizadas en lo que respecta a la independencia del poder judicial del Estado emisor, la autoridad de ejecución debe determinar de manera específica y precisa si, habida cuenta de la situación personal de la persona de que se trate, así como de la naturaleza de la infracción por la que se desarrolla el proceso penal y del contexto fáctico en el que se basa la orden, y a la luz de la información facilitada por la autoridad emisora, hay motivos fundados para suponer que existe un riesgo de vulneración de una persona a un juez imparcial*».

Es decir, para la denegación de la ejecución de la orden de producción por este motivo el Reglamento exige que se lleve a cabo el que se ha dado en llamar «análisis en dos pasos»[3]: primero se han de apreciar deficiencias

3. Reiteradamente utilizado en el ámbito de la Orden Europea de Detención y Entrega. Véanse entre otras: STJUE de 5 de abril de 2016, *Aranyosi y Căldăraru* C-404/15; STJUE de 25 de julio de 2018, *ML*, C-220/18 PPU; o STJUE de 15 de octubre de 2019, *Dorobantu*, C-128/18. Me ocupé de esta cuestión en DE HOYOS SANCHO, M.: «Algunas dificultades y cuestiones pendientes en la cooperación judicial penal en el ámbito de la UE relativas a las garantías procesales», en *Integración europea y justicia penal*, Dir.: M.I. González Cano, Tirant lo Blanch, Valencia, 2018, pp. 89 y ss., esp. pp. 103 y ss. Entre los trabajos más recientes en los que se valora el referido «análisis en dos pasos», en relación con la OEI, *vid*. HERNÁNDEZ WEISS, A.: «Effective protection of rights as a precondition to mutual recognition: Some thoughts on the CJEU's Gavanozov II decision», *New Journal of European Criminal Law*, vol. 0, 2022, pp. 1 y ss., esp. pp. 13 y ss.; en España y respecto de la OEDE, *vid*. HERNÁNDEZ LÓPEZ, A.: «El procedimiento

sistémicas, que se puedan afirmar con base en datos objetivos y, en segundo término, que en el caso se podría producir en efecto una vulneración del derecho fundamental al juez imparcial si se procediera a ejecutar el EPOC en cuestión.

Continuando con el análisis del citado art. 12, que es el precepto específico sobre los motivos para la denegación de una orden europea de producción, éste nos indica lo siguiente en su apdo. 1º: «*Cuando la autoridad emisora haya notificado a la autoridad de ejecución con arreglo al artículo 8, y sin perjuicio de lo dispuesto en el artículo 1, apartado 3, la autoridad de ejecución examinará lo antes posible, y a más tardar en un plazo de diez días a partir de la recepción de la notificación, o, en casos urgentes, a más tardar en un plazo de 96 horas a partir de dicha recepción, la información indicada en la orden y, en su caso, opondrá uno o varios de los siguientes motivos de denegación: (…)*».

De este tenor deducimos lo siguiente:

En primer lugar, que los motivos de denegación que se indican en este art. 12, como regla general, serán invocados por la autoridad de ejecución —no directamente por el PSI[4]— y solo en los casos en que esa autoridad haya sido efectivamente notificada de la emisión del EPOC en aplicación del ya mencionado «mecanismo de notificación» regulado en el art. 8, o bien cuando fuera informada por el PSI en aplicación del apdo. 5º del art. 10[5].

Llamamos entonces la atención, para que no pase desapercibida esta conclusión, sobre el hecho de que en todos los supuestos en que no haya obligación de notificar a la autoridad de ejecución, que son muchos —cuando se piden datos de abonados o de identificación de usuarios en todo caso, o de tráfico y contenido cuando la causa está vinculada sólida y sustancialmente al Estado emisor— el control de si concurren o no los posibles motivos de denegación del reconocimiento quedará *casi exclusivamente* en manos de la autoridad de emisión. Por lo tanto, más bien serían motivos de «no emisión».

---

de entrega de Carles Puigdemont: estado actual y perspectivas», en *Revista de Estudios Europeos,* núm. 1, 2023, pp. 279 y ss., esp. pp. 303 y ss.

4. Hemos visto anteriormente que el PSI apenas recibe información sobre la causa que se investiga o enjuicia, ya que la Sección M del Anexo I –el formulario del EPOC–, la que incluye una descripción sucinta del caso y los motivos para afirmar la necesidad y proporcionalidad de la petición, no se cumplimentará en los EPOC que van a recibir los PSI destinatarios.

5. Si el PSI destinatario considerase que con el cumplimiento del EPOC /EPOC-PR se pudieran estar afectando inmunidades y privilegios, libertades de prensa o de expresión.

Solo habría una excepción a lo antedicho: aunque en principio no fuera obligatorio notificar a la autoridad de ejecución, si en aplicación del apdo. 5º del art. 10 el propio PSI apreciara[6] que con el cumplimiento del EPOC[7] recibido pudieran verse afectadas inmunidades o privilegios, o las libertades de prensa o de expresión[8], sí tendría que notificarse también en todo caso el EPOC a la autoridad de ejecución —lo hará el propio PSI— para que valorase esos posibles motivos de denegación, junto con la autoridad de emisión.

Dicho de otra manera, de la lectura conjunta de los preceptos mencionados concluimos que el PSI no puede decidir denegar la entrega de los datos por sí mismo, por entender que concurre alguna causa de denegación de las contenidas en el art. 12 del Reglamento.

Respecto del plazo de que dispone la autoridad competente del Estado de ejecución para examinar si concurren en el EPOC uno o varios de los motivos de denegación contenidos en el art. 12, el propio precepto indica que deberá hacerlo «*lo antes posible*» y en todo caso en el plazo de diez días desde la recepción de la notificación, o de 96 horas en casos de urgencia.

No es mucho tiempo si tenemos en cuenta que puede darse el caso de que algunas concretas autoridades de ejecución de ciertos Estados[9], las que fueran competentes por el lugar donde se encuentre emplazado el establecimiento o el representante legal del PSI, van a recibir numerosas notificaciones de EPOC, respecto de las que deberán examinar en poco tiempo, como posibles motivos de denegación, cuestiones jurídicas que pueden resultar complejas de valorar; además es muy probable que esas autoridades competentes no tengan únicamente esta tarea que desempeñar en su quehacer diario, ni mucho menos[10].

6. Basándose únicamente en la información contenida en el EPOC.
7. Lo mismo se indica en el Reglamento en relación con el EPOC-PR; *vid.* apdo. 4º, art. 11.
8. Más concretamente, que la ejecución del EPOC podría interferir con las normas sobre determinación o limitación de la responsabilidad penal relacionadas con la libertad de prensa o con la libertad de expresión en otros medios de comunicación, en virtud del Derecho del Estado de ejecución.
9. Pensemos que ya hay varios importantes PSI que tienen su sede europea concretamente en Irlanda, por lo que puede ser que también designen allí el que será su establecimiento o representación a efectos de cumplir con los EPOC que en el futuro reciban; en consecuencia, es probable que las autoridades judiciales irlandesas competentes vayan a tener una notable carga de trabajo adicional en cuanto empiece a funcionar el instrumento.
10. En el Considerando 61º se indica que el Estado de ejecución podría disponer en su Derecho nacional que la ejecución de una orden europea de producción «pueda requerir la participación procesal de un *órgano jurisdiccional* en el Estado de ejecución»,

Está previsto también —*vid.* apdo. 3º, art. 12— que la autoridad de ejecución, antes de decidir sobre si finalmente opone algún motivo de denegación de la entrega de los datos solicitados, se ponga en contacto con la autoridad emisora «*a fin de discutir sobre las medidas apropiadas que deban adoptarse*»[11]; no indica la norma cuánto tiempo pueden alargarse esas «discusiones».

Aunque el apdo. 1º del art. 12 establece plazos claros para oponer motivos de denegación —los diez días o 96 horas antes referidos—, que en principio no contemplan tales discusiones entre autoridad de ejecución y de emisión, entendemos que se debería suspender el cómputo de esos plazos mientras tanto. En tal caso, la autoridad de ejecución debería informar inmediatamente al PSI para que no entregue los datos hasta que no se resuelva ese extremo «en discusión», pues es obligación del PSI, si no recibe notificación de la invocación de motivos de denegación en dichos plazos, entregar la información solicitada a la autoridad de emisión.

Entrando ya en los concretos motivos de denegación de una orden europea de producción que, en su caso, opondrá[12] la autoridad de ejecución que ha sido notificada del EPOC, encontramos en primer término, en el apdo. a) del art. 12, una referencia a la cuestión ya comentada *supra* en relación con los motivos de denegación sobre los que puede *alertar* también el propio PSI:

> «a) *los datos solicitados están protegidos por inmunidades o privilegios concedidos en virtud del Derecho del Estado de ejecución que impidan la ejecución de la orden, o los datos solicitados están cubiertos por normas sobre la determinación o limitación de la responsabilidad penal relacionadas con la libertad de prensa o la libertad de expresión en otros medios de comunicación que impidan la ejecución de la orden*».

---

precisamente a estos efectos de controlar los motivos de denegación de la entrega de datos. A nuestro juicio, sería lo más conveniente, la especialización de uno o varios órganos jurisdiccionales en los respectivos Estados miembros, a la vista del tipo y complejidad de los motivos de denegación contenidos en el art. 12, que deberán ser valorados en un escaso margen de tiempo.

11. En este punto, la autoridad emisora puede decidir adaptar o retirar la orden europea de producción. Si no se alcanzara solución entre ambas autoridades, la autoridad de ejecución notificada conforme al art. 8 podrá finalmente decidir si invoca motivos de denegación, informando de ello a la autoridad emisora y al PSI destinatario.

12. El uso del tiempo verbal en imperativo –«*opondrá*»– nos indica que todos los mencionados son motivos de denegación obligatorios y no facultativos, a diferencia de lo inicialmente previsto en la Propuesta de Reglamento de 2018 y de lo que sucede en otros instrumentos de cooperación basados en el reconocimiento mutuo. Sin embargo, el Considerando 62º, en relación con esta concreta cuestión advierte sobre que «*La necesidad de respetar la independencia de las autoridades judiciales exige que se conceda un cierto margen de apreciación a dichas autoridades a la hora de decidir sobre los motivos de denegación*».

Sobre este particular aclara el apdo. 5º del mismo artículo 12 que, cuando la facultad para levantar la inmunidad o el privilegio competa a una autoridad del Estado de ejecución, la autoridad emisora podrá pedir a la autoridad de ejecución notificada conforme al art. 8, que se ponga en contacto con esa autoridad del Estado de ejecución para solicitarle que ejerza tal competencia sin demora. Si la facultad para levantar la inmunidad o el privilegio compete a una autoridad de otro Estado miembro, a un tercer país o a una organización internacional, la autoridad emisora podrá solicitar a la autoridad de que se trate, que ejerza dicha facultad.

A esta cuestión ya nos hemos referido previamente al abordar los posibles motivos de no ejecución del EPOC, por lo tanto, evitaremos reiteraciones en este punto.

El segundo motivo para la denegación de una orden europea de producción es el siguiente:

> «*b) en situaciones excepcionales, existen motivos fundados para suponer, sobre la base de pruebas concretas y objetivas, que la ejecución de la orden conllevaría, en las circunstancias particulares del caso, una vulneración manifiesta de un derecho fundamental pertinente establecido en el art. 6 TUE y en la Carta*».

En relación con este apartado hemos de añadir a lo antedicho, también en relación con los motivos de no ejecución, lo siguiente:

En primer lugar, que la invocación de este motivo ha de ser algo absolutamente excepcional, ya que la vulneración «*manifiesta*» —evidente, clara, palmaria— de un derecho fundamental debería serlo también en el ámbito UE, y porque hemos de suponer que ya la autoridad de emisión habrá realizado por su parte el oportuno previo control sobre estos extremos antes de emitir la orden.

Además, han de existir «*pruebas concretas y objetivas*» de que la ejecución de la orden conllevaría, en ese caso concreto, la vulneración de un derecho fundamental «*pertinente*», vinculado con la concreta petición cursada.

Sobre este particular motivo denegación se contienen en el Considerando 64º algunas aclaraciones importantes.

La autoridad de ejecución deberá tener en cuenta, al tomar su decisión, los siguientes factores: si dispone de pruebas o elementos como los expuestos en una propuesta motivada de un tercio de los Estados miembros, del Parlamento europeo o de la Comisión europea, adoptada en virtud del art.

7, apdo. 1º del TUE, que indiquen que efectivamente existe un riesgo claro si se ejecuta la orden, «*de vulneración grave del derecho fundamental a la tutela judicial efectiva y a un juez imparcial en virtud del art. 47 de la Carta, debida a deficiencias sistémicas o generalizadas en lo que respecta a la independencia del poder judicial del Estado emisor (…)*». En tales casos, la autoridad de ejecución deberá determinar, de manera específica y precisa, si «*habida cuenta de la situación personal de la persona de que se trate, así como de la naturaleza de la infracción por la que se desarrolla el proceso penal y del contexto fáctico en el que se basa la orden, y a la luz de la información facilitada por la autoridad emisora, hay motivos fundados para suponer que existe un riesgo de vulneración del derecho de una persona a un juez imparcial*»[13].

Por lo tanto, se le pide a la autoridad de ejecución que lleve a cabo el ya referido «análisis en dos pasos», que opera en otros instrumentos de reconocimiento mutuo, y que ha sido particularmente desarrollado en relación con los motivos de no ejecución de una Orden europea de detención y entrega, o de la Orden europea de investigación[14]. Es decir, no solo deben existir objetivamente contrastadas deficiencias sistémicas o generalizadas en materia de tutela judicial efectiva y derecho al juez imparcial, sino que, en el caso concreto, considerando las aclaraciones que pudiera llegar a suministrar la autoridad de emisión, hay razones bastantes, basadas en pruebas objetivas, para suponer que existe ese riesgo de vulneración del derecho al juez imparcial, en relación con la tutela judicial efectiva.

El tercer motivo de denegación se funda también en un clásico del reconocimiento mutuo de resoluciones[15]:

> «c) *la ejecución de la orden sería contraria al principio ne bis in idem*».

Sobre este principio que prohíbe ser acusado o condenado penalmente por una infracción respecto de la cual se haya sido absuelto o condenado

13. Muy interesante sobre este punto el trabajo de FAGGIANI, V.: «Indici di violazione dell'indipendenza giudiziaria nell'UE da Est a Ovest: l'importanza degli standard di Strasburgo e Lussemburgo», *Studi sull'integrazione europea*, 2/2023, pp. 283-312.

14. Que concretamente ZIMMERMANN valoró de forma muy positiva cuando se introdujo expresamente en la Directiva OEI: es un motivo de denegación del reconocimiento de la OEI por ser contraria a los derechos fundamentales, que tiene un considerable valor añadido en comparación con las clásicas «reservas de orden público», con poco contenido concreto. Ahora se concreta el motivo de denegación y se explicita una consecuencia jurídica, lo que aporta seguridad al sistema. *Vid.* más ampliamente su trabajo: «Die Europäische Ermittlungsanordnung…», *op. cit.*, p. 157.

15. Si bien, sorprendentemente, no se aludía a él en el articulado de la Propuesta de Reglamento de 2018; esta cuestión se corrigió en la versión final del texto aprobado.

en la Unión mediante sentencia penal firme conforme a la ley —*vid.* arts. 50 CDFUE y 54 CAAS[16]— puede consultarse la abundante jurisprudencia de los tribunales europeos, a la que nos remitimos en este punto[17].

El cuarto motivo de denegación es también habitual en este tipo de instrumentos de cooperación basados en el reconocimiento mutuo; tiene que ver con el cumplimiento, en su caso, del requisito de doble incriminación de los hechos que están en la base de la emisión del EPOC[18]:

> *«d) la conducta que dio origen a la emisión de la orden no es constitutiva de infracción penal con arreglo al Derecho del Estado de ejecución y no está recogida en las categorías de delitos que figuran en el Anexo IV*[19]*, conforme a lo indicado por la autoridad de emisión del EPOC, si en el Estado emisor es punible con una pena o una medida de seguridad privativas de libertad de una duración máxima no inferior a tres años».*

Igualmente estamos de acuerdo con la inclusión de este motivo, pues no sería de recibo que, más allá de los clásicos 32 tipos delictivos que se presumen castigados en todos los Estados de la Unión y cuando la pena de privación de libertad prevista fuera superior a los tres años, se permitiera la entrega de información electrónica a una autoridad extranjera sin ese control de «doble incriminación»; es decir, que se obligara al proveedor de servicios a entregar información en supuestos en los que no se le podría

16. Convenio de aplicación del Acuerdo de Schengen.
17. Ya abordé esta cuestión, como motivo de denegación de la OEI, en DE HOYOS SANCHO, M.: «La orden europea de investigación: reflexiones sobre su potencial efectividad a la vista de los motivos de denegación del reconocimiento y ejecución en España», *RGDP*, núm. 47, 2019, pp. 1 y ss., esp. pp. 20 y ss. Entre los trabajos más recientes sobre esta garantía procesal, *vid.* las referencias jurisprudenciales y reflexiones de fondo que ofrece S. RUGGERI en: «El ne bis in ídem transnacional entre el principio de reconocimiento mutuo y las garantías del debido proceso. La lógica de la tolerancia y el respeto de la persona como motores de la integración europea», en *Hacia un Derecho Procesal Europeo,* Dirs.: Arangüena, C. y De Hoyos, M., Atelier, Barcelona, 2024, *en prensa.* Agradezco al autor la posibilidad de consultar su trabajo antes de que apareciera publicado en el libro del IX Memorial Manuel Serra Domínguez, celebrado en Valladolid en noviembre de 2023.
18. Motivo de denegación del reconocimiento que tampoco se encontraba en el texto de la Propuesta de Reglamento publicado en 2018. Véase en este punto la reclamación contenida en el ya citado Informe del Consejo de la Abogacía Europea –*CCBE*– de 2018, p. 7, así como las conclusiones de TINOCO PASTRANA, en «Las órdenes europeas de entrega y conservación...», *op. cit.*, p. 245.
19. Se trata del clásico listado de los conocidos como 32 «eurodelitos» exentos del control de doble incriminación cuando en el Estado de emisión son punibles con penas o medidas de seguridad privativas de libertad de una duración máxima no inferior a los tres años.

haber solicitado ésta por una autoridad del propio Estado de ejecución, por no ser allí punible esa conducta.

Si por concurrir alguno de estos motivos de denegación del EPOC, finalmente la autoridad de ejecución decidiera invocarlos, deberá informar de ello al PSI destinatario y a la autoridad que emitió el certificado. Entonces el PSI destinatario interrumpirá la ejecución de la orden de producción y no transferirá los datos; por su parte, la autoridad emisora deberá retirar la orden, indica el apdo. 2º de este art. 12.

En todo caso, ya hemos indicado previamente que, antes de oponer un motivo de denegación, la autoridad de ejecución notificada deberá contactar con la de emisión «*por cualquier medio adecuado*» a fin de discutir sobre las medidas que deben adoptarse. Así la autoridad de emisión podrá decidir si adapta o retira la orden europea de producción, y finalmente la autoridad de ejecución invocará o no los motivos de denegación total o parcial de la orden.

Aclara el apdo. 4º del mismo art. 12 que, si la autoridad de ejecución invoca motivo/s de denegación, podrá especificar si se opone a la transferencia de todos los datos solicitados en el EPOC, o si los datos solo pueden transferirse o utilizarse parcialmente en las condiciones especificadas por la autoridad de ejecución.

VIII
Información al usuario y confidencialidad

Informar a la persona cuyos datos se solicitan es un elemento fundamental en relación con la vigencia de los derechos a la protección de datos y a la defensa en sentido amplio, pues tal información permitirá que esta persona ejerza su derecho a los recursos ante el órgano jurisdiccional competente.

La idea rectora en este punto —*vid.* art. 13— es que la autoridad emisora de la orden informe «*sin demora indebida*» a la persona cuyos datos se solicitan de que se ha producido su entrega[1] con fundamento en la orden europea de producción. Al tiempo se le informará sobre las vías de recurso disponibles conforme al art. 18.

No obstante, el apdo. 2º del mismo art. 13 indica que, de conformidad con lo que establezca el Derecho nacional del Estado emisor —suponemos que en relación con el secreto de las investigaciones y para que éstas no se frustren—, la autoridad emisora podrá «*demorar o restringir la información u omitir informar a la persona cuyos datos se solicitan*», en la medida imprescindible y siempre que se cumplan las condiciones previstas en el apdo. 3º del art. 13 de la Directiva 2016/680[2]. En esos casos, la autoridad emisora

1. Según la literalidad de este precepto, se le informará *de la entrega*, es decir, una vez producida ésta; por lo tanto, la persona no será informada en el momento en que se cursa la solicitud.

2. *Directiva relativa a la protección de las personas físicas en lo que respecta al tratamiento de datos personales por parte de las autoridades competentes para fines de prevención, investigación, detección o enjuiciamiento de infracciones penales o de ejecución de sanciones penales.* Art. 13, apdo. 3º: «*Los Estados miembros podrán adoptar medidas legislativas por las que se retrase, limite u omita la puesta a disposición del interesado de la información en virtud del apartado 2 siempre y cuando dicha medida constituya una medida necesaria y proporcional en una sociedad democrática, teniendo debidamente en cuenta los derechos fundamentales y los intereses legítimos de la persona física afectada, para: a) evitar que se obstaculicen indagaciones, investigaciones o procedimientos oficiales o judiciales; b) evitar que se cause perjuicio a la prevención, detección, investigación o enjuiciamiento de infracciones penales o a la ejecución*

deberá dejar constancia en el expediente del motivo de esas limitaciones a la información y se añadirá también sobre este punto «*una breve justificación en el EPOC*».

Si acudimos a la Sección H del Anexo I —modelo de EPOC—, que es el apartado relativo a la «*Información al usuario*», vemos que en él se indica expresamente que el destinatario —el PSI— «*se abstendrá en todo momento de informar a la persona cuyos datos se solicitan*», y que es a la autoridad emisora a quien, en su caso, corresponderá informar de la *entrega* de los mismos, sin demora indebida.

No obstante, la misma Sección H del formulario EPOC permite marcar una casilla con la que se indica que la autoridad emisora no va a informar a la persona cuyos datos se solicitan, por darse alguna/s de las siguientes circunstancias: es preciso evitar que se obstruyan investigaciones, o procedimientos administrativos o judiciales en curso; que se cause perjuicio a la prevención, detección, investigación o enjuiciamiento de infracciones penales o a la ejecución de sanciones penales; o es necesario proteger la seguridad pública, la seguridad nacional, y/o los derechos y libertades de los demás.

El Reglamento también obliga al PSI en este punto a adoptar las medidas operativas y técnicas más avanzadas que fueran necesarias para garantizar la confidencialidad, el secreto y la integridad del EPOC o del EPOC-PR, y de los datos entregados o conservados, según dispone el apdo. 4º, art. 13.

Como veremos en el siguiente epígrafe, el incumplimiento de estas obligaciones por el PSI puede conllevar importantes sanciones penales y/o pecuniarias.

---

de sanciones penales; c) proteger la seguridad pública; d) proteger la seguridad nacional; e) proteger los derechos y libertades de otras personas».
Transposición al ordenamiento español por *Ley Orgánica 7/2021, de 26 de mayo, de protección de datos personales tratados para fines de prevención, detección, investigación y enjuiciamiento de infracciones penales y de ejecución de sanciones penales.*

IX

Sanciones y procedimiento de ejecución en caso de incumplimiento de las órdenes

A la hora de valorar la posible eficacia práctica de un instrumento de reconocimiento mutuo con unas características tan específicas como el que nos ocupa, en el que la cooperación se va a prestar en muchos casos directamente por el PSI, sin intervención de autoridad judicial alguna en el Estado de ejecución, es preciso fijarse especialmente en las consecuencias que puede llevar aparejado el incumplimiento por el PSI de las órdenes de producción y conservación, o el hecho de que el PSI no adopte las medidas operativas y técnicas más avanzadas que fueran necesarias para garantizar la confidencialidad, el secreto y la integridad de los EPOC / EPOC-PR que reciba, y de los datos entregados o conservados.

A esta concreta cuestión de las posibles sanciones al PSI que no cumple con las obligaciones impuestas por la norma le dedica el Reglamento 2023/1543 su artículo 15.

Además de las sanciones penales que se pudieran imponer en los respectivos ordenamientos nacionales, el citado precepto obliga a los Estados miembros a establecer un régimen de sanciones pecuniarias que serían aplicables «*a cualquier infracción de los artículos 10*[1] *y 11*[2] *y el artículo 13, apartado 4*[3], *de conformidad con el artículo 16, apartado 10*», debiendo los Estados adoptar todas las medidas necesarias para garantizar su ejecución[4].

1. Obligación de ejecutar en plazo el EPOC.
2. Obligación de ejecutar en plazo el EPOC-PR.
3. Confidencialidad, secreto e integridad de los certificados y de los datos.
4. Lógicamente, contra la decisión que impusiera una sanción pecuniaria deberá también disponer el PSI de un «*recurso judicial efectivo*» –*vid.* art. 16, apdo. 10º–.

Si bien en relación con las sanciones penales el Reglamento se remite directamente a lo que puedan disponer sobre este particular las legislaciones nacionales, respecto de las sanciones pecuniarias el art. 15 indica que serán «*eficaces, proporcionadas y disuasorias*[5]», debiendo los Estados miembros asegurarse de que éstas puedan alcanzar «*hasta el 2% del total del volumen anual de negocios mundial del ejercicio precedente del prestador de servicios*».

Es evidente por tanto que el montante de tal sanción pecuniaria puede llegar a ser muy elevado[6] y que las instituciones UE han querido asegurar la colaboración de los PSI para lograr toda la eficacia posible del sistema de obtención transfronteriza de prueba electrónica.

Y por si tales amenazas de sanción no fueran suficientes para conseguir la colaboración que se requiere del PSI, el art. 16 del Reglamento que nos ocupa prevé un *procedimiento de ejecución «forzosa»*, en los siguientes términos:

Si el PSI destinatario no cumple en plazo el EPOC o el EPOC-PR, sin facilitar motivos que sean aceptados por la autoridad emisora y, en caso de que hubiera sido notificada, cuando la autoridad de ejecución no hubiera invocado motivos de denegación del art. 12, «*la autoridad emisora podrá solicitar a la autoridad de ejecución que ejecute la orden europea de producción o la orden europea de conservación*».

Será por tanto en tales supuestos la autoridad de ejecución quien, una vez recibida toda la documentación necesaria —certificados y documentos complementarios debidamente traducidos—, procederá en su caso a reconocer la orden «*sin más trámites*», dentro del plazo de cinco días hábiles,

5. En el Considerando 70º se aclara que, a la hora de valorar cuál será la sanción pecuniaria adecuada en el caso concreto, las autoridades competentes deberán tener en consideración circunstancias como estas: naturaleza, gravedad y duración de la infracción, si hubo intencionalidad o negligencia, si el PSI fue declarado responsable de infracciones anteriores similares, así como la solidez financiera del PSI en cuestión. Excepcionalmente estas consideraciones podrían llevar a la conclusión de no imponer sanción pecuniaria, en particular en supuestos en que el PSI en cuestión es una microempresa y no ha cumplido con las órdenes recibidas en supuestos «urgentes» por falta de recursos personales fuera del horario normal de oficina, siempre que los datos finalmente se transmitan «sin demora indebida». *Vid.* también el Considerando 73º, *in fine*.

6. No obstante, puede suceder que en algunos casos esa sanción, incluso alcanzando el 2%, resulte no ser muy eficaz, sobre todo cuando hablemos de grandes multinacionales; es posible que prefieran pagar la multa y no modificar su política empresarial, de la que pueden estar obteniendo rendimientos que superen el montante de la posible sanción.

adoptando inmediatamente «*las medidas necesarias*» para la ejecución del EPOC o EPOC-PR[7].

La autoridad de ejecución deberá requerir formalmente al PSI destinatario para que cumpla la orden en cuestión, al tiempo que le informará de los concretos motivos de oposición a la ejecución que podría invocar *el propio PSI* en este momento[8], de las sanciones aplicables en caso de incumplimiento, y del plazo para cumplir la orden o manifestar su oposición.

Es preciso llamar la atención sobre el hecho de que no está previsto en la norma, entre los motivos de oposición a la ejecución del EPOC o EPOC-PR que puede esgrimir el PSI en ese momento, el relativo a la posible «*vulneración manifiesta de un derecho fundamental pertinente establecido en el art. 6 del TUE y en la Carta*» —*vid.* art. 16, apdo. 4 letra g) y apdo. 5 letra f)[9]—, ya que tal motivo se excepciona de los que sí puede oponer el PSI, al no incluirse entre los enumerados en la letra a), del apdo. 3 de este art. 19[10].

Llegados a este punto, con toda la información que le hayan proporcionado la autoridad de emisión y el propio PSI, la autoridad de ejecución solo podrá denegar la ejecución del EPOC o del EPOC-PR por uno o varios de los motivos que figuran específicamente en los apdos. 4° y 5° de este art. 16: la orden no fue emitida o validada por la autoridad correspondiente; la infracción que se persigue no es de las que permiten la emisión de estas

7. Debemos preguntarnos de qué manera podrá ejecutar «forzosamente» el EPOC / EPOC-PR la autoridad de ejecución en los casos en que el PSI no colabora con la entrega o conservación de los datos requeridos. Se nos escapa cuál podrá ser la solución técnica a este respecto, sobre todo en los supuestos no infrecuentes en que la información esté almacenada en otro Estado, de forma itinerante o fragmentada.

8. *Vid.* art. 16, apdo. 4°, letras a) a f) para el EPOC y apdo. 5°, letras a) a e) para el EPOC-PR: la orden no ha sido emitida o validada por autoridad competente, las infracciones perseguidas no permiten la emisión de una orden de ese tipo, imposibilidad de hecho para la ejecución o certificado erróneo, el PSI no tiene almacenados esos datos en el momento de la recepción de la orden, el servicio que presta el PSI no está dentro del ámbito de aplicación del Reglamento, concurren inmunidades o privilegios y derechos protegidos por libertad de prensa o de expresión.

9. «*En situaciones excepcionales, basándose únicamente en la información contenida en el EPOC/ EPOC-PR, se desprende que existen motivos fundados para suponer, sobre la base de pruebas concretas y objetivas, que la ejecución de la orden europea de producción conllevará, en las circunstancias particulares del caso, una vulneración manifiesta de un derecho fundamental pertinente establecido en el artículo 6 del TUE y en la Carta*».

10. «*La autoridad de ejecución requerirá formalmente al destinatario que cumpla sus obligaciones correspondientes e informará al destinatario de lo siguiente: a) la posibilidad de oponerse a la ejecución de la orden de que se trate alegando uno o varios de los motivos enumerados en el apartado 4, letras a) a f), o en el apartado 5, letras a) a e)*».

órdenes; concurre imposibilidad de hecho para ejecutar por circunstancias ajenas a la voluntad del PSI o el certificado contiene errores manifiestos; los datos no están almacenados por el PSI en el momento recibir la orden; el servicio prestado por el PSI no cae bajo el ámbito de este Reglamento; los datos solicitados están protegidos por inmunidades o privilegios concedidos en virtud del Derecho del Estado de ejecución, o tales datos están cubiertos por la libertad de prensa o de expresión.

Excepcionalmente[11], la autoridad de ejecución, en ningún caso el PSI, también podrá denegar la ejecución de la orden si, con base exclusivamente en la información contenida en los certificados, concluye que existen motivos fundados para suponer que tal ejecución implicaría, en las circunstancias particulares de ese caso concreto, «*una vulneración manifiesta de un derecho fundamental pertinente establecido en el artículo 6 del TUE y en la Carta*».

No obstante, antes de decidir no reconocer o no ejecutar las órdenes recibidas, la autoridad de ejecución habrá recibido la información del PSI sobre el o los motivos de denegación, y también habrá consultado a la de emisión por cualquier medio que considere adecuado, solicitándole, en su caso, todo tipo de información adicional; la autoridad de emisión deberá responder a estas cuestiones en un plazo de cinco días hábiles.

Si en último término el PSI destinatario no cumpliera con sus obligaciones de entrega o conservación de datos, cuya ejecutoriedad hubiera sido confirmada por la autoridad de ejecución, esta misma autoridad le impondrá una sanción pecuniaria de conformidad con el art. 15, decisión que deberá poder ser objeto de un «*recurso judicial efectivo*», concluye el art. 16 en su apdo. 10º.

Recordemos también que a esta sanción pecuniaria se le podrá sumar una sanción penal si el ordenamiento nacional en cuestión prevé tal norma punitiva.

Una vez el expuesto de manera sucinta el sistema de ejecución forzosa de las órdenes de producción y conservación, queremos llamar la atención sobre dos extremos, a nuestro juicio relevantes:

En primer lugar, que en ningún momento a lo largo del procedimiento contenido en el Reglamento está prevista la posibilidad de que el PSI controle aspectos jurídicamente tan importantes y complejos, como son la prohibición del *non bis in idem*, el requisito de la doble incriminación o la

11. *Vid.* el concreto tenor del apdo. 4º, letra g) y del apdo. 5º, letra f) de este art. 16.

posible vulneración de derechos fundamentales con el cumplimiento de las órdenes. Esas cuestiones se reservan exclusivamente al control por parte de la autoridad de ejecución, según dispone el art. 12, y en principio solo cuando ésta ha de ser notificada conforme al art. 8.

Tengamos siempre presente que en la mayoría de los supuestos la autoridad de ejecución no va a intervenir en el procedimiento de cumplimiento «voluntario» de las órdenes por parte del PSI. No obstante lo antedicho, si nos situamos en el *supra* referido marco de la ejecución «forzosa» *de cualquier EPOC o EPOC-PR*, la autoridad de ejecución sí va a poder analizar la posible vulneración de derechos fundamentales, aunque anteriormente no hubiera entrado en juego el «mecanismo de notificación» del art. 8. Esta conclusión se extrae de un análisis conjunto de lo establecido en los arts. 8, 12 y 16, si bien no es sencilla de alcanzar por la complejidad del texto de los referidos preceptos, así como por la continua remisión a distintos y numerosos apartados de otros artículos de este Reglamento.

También nos preguntamos tras la exposición del sistema de ejecución forzosa previsto en el art. 16, cómo podrá la autoridad de ejecución, desde un punto de vista estrictamente material y técnico, obligar al PSI a cumplir con la entrega o conservación de los datos cuando éste no quiera colaborar. Francamente, estas cuestiones tecnológicas exceden con mucho de nuestros conocimientos jurídicos sobre el instrumento, pero en cualquier caso no parece tarea sencilla obtener esos datos que almacena el PSI —incluso sin saber dónde ni cómo...—, en aquellos casos en que no se cuente con su colaboración efectiva.

Por lo tanto, cuando el art. 16 en su apartado 2º indica que «*la autoridad de ejecución reconocerá sin más trámites, y tomará las medidas necesarias para la ejecución (...)*», mucho nos tememos que esas «medidas» se limitarán a un «requerimiento formal» al PSI para que cumpla, como se indica en el apdo. 3º del mismo artículo, a la vez que le recordará que se le podrán imponer sanciones penales y/o pecuniarias en el caso de que no atienda a las órdenes cursadas sin concurrir justa causa para no hacerlo. Poco más se podrá hacer a este respecto, suponemos.

Finalmente, al problema de la falta de colaboración por parte del PSI en la entrega de los datos requeridos se le puede sumar también otra circunstancia que puede complicar más aún la obtención de la información electrónica necesaria para la investigación en curso, y es el hecho de que, aunque finalmente se lograra la ejecución del EPOC, puede que los datos entregados se encuentren encriptados o cifrados y que el propio PSI no disponga de las claves de desencriptación. Recordemos que en el propio Considerando 20º del Reglamento se indica expresamente que la obligación de cumplir con el EPOC que corresponde a los PSI no incluye la de desencriptar o descifrar los datos, tarea que en muchos casos no será sencilla, pero que quedará en todo caso en manos de las respectivas autoridades competentes en el Estado de emisión de la orden.

X

Procedimiento de reexamen en supuesto de obligaciones en conflicto con el derecho aplicable de un tercer país

El art. 17 del Reglamento que nos ocupa aborda una cuestión que, al menos en el corto-medio plazo[1], está llamada a tener notable importancia en el funcionamiento del sistema establecido a través de este «paquete *e-evidence*»: cómo resolver los conflictos que se les plantearán a aquellos PSI destinatarios de EPOCs que tienen su sede en otros Estados, principalmente fuera de la UE, cuando tales proveedores consideren que el cumplimiento de las órdenes recibidas de las autoridades europeas entra en conflicto con obligaciones que también les vinculan en virtud del Derecho aplicable de ese país donde se encuentra su sede.

No es difícil imaginar los supuestos en que en mayor medida estaba pensando el legislador UE cuando vio la necesidad de incluir este art. 17: en los conflictos de normas y de obligaciones que se les plantearán a los PSI que tienen su sede en EE.UU. y prestan sus servicios en países de la Unión Europea.

Tengamos en cuenta que importantes proveedores de servicios *online*, de comunicaciones y de almacenamiento de datos principalmente, están radicados en el territorio de los Estados Unidos. Es el caso de *Meta Platforms*, que incluye *Facebook, Instagram y WhatsApp*, y también otros tan importantes como *Microsoft, Amazon, Google, X—antes Twitter—, Apple*, etc. y, aunque la Directiva 2023/1544 que integra del «paquete *e-evidence*» les obligará a tener establecimiento o representación en al menos un Estado UE, así como

1. Hasta que se firme el acuerdo ejecutivo que se está negociando entre Estados Unidos y la Unión Europea sobre la materia, y/o sea aplicable el 2º Protocolo adicional al Convenio de Budapest, del que también participa Estados Unidos.

a cumplir con las órdenes de producción y conservación que reciban de las autoridades europeas, estas corporaciones seguirán vinculadas también por la legislación estadounidense; en particular, en este momento, por la *CLOUD Act*[2].

Esta ley norteamericana, vigente desde 2018, estableció entre otros extremos[3], en relación con la petición de datos de contenido que almacenan los PSI que tienen su sede en EE.UU., que tales proveedores deberán cumplir con la legislación nacional norteamericana para poder entregar los datos de que disponen, independientemente de dónde se almacene la información electrónica en cuestión.

Para los casos en que la petición de datos pudiera provenir de autoridades extranjeras, la *CLOUD Act* prevé la posibilidad de que los Estados Unidos suscriban los que se conocen como «*acuerdos ejecutivos*» con gobiernos extranjeros[4], a fin de establecer las concretas formas de colaboración efectiva para la entrega de estos datos.

2. *Clarifying Lawful Overseas Use of Data Act* –CLOUD Act–: H. R. 4943, de 2.6.2018. Accesible en: https://www.congress.gov/bill/115th-congress/house-bill/4943/text
3. Regula el acceso del Gobierno de los EE.UU. a los datos almacenados fuera de su territorio estatal, y también el acceso de los Gobiernos extranjeros a los datos almacenados en EE.UU. Con la aprobación de la *CLOUD Act* se modificó el Capítulo 121 del Título 18º del Código de los EE.UU., añadiendo el parágrafo 2713, relativo a la «*Preservación necesaria y divulgación de comunicaciones y registros*», con el siguiente tenor: «*§ 2713. Required preservation and disclosure of communications and records: A provider of electronic communication service or remote computing service shall comply with the obligations of this chapter to preserve, backup, or disclose the contents of a wire or electronic communication and any record or other information pertaining to a customer or subscriber within such provider's possession, custody, or control, regardless of whether such communication, record, or other information is located within or outside of the United States*». Desde entonces, la *Stored Communications Act* también se aplica a los datos almacenados fuera de EE.UU., e impone obligaciones de custodia y confidencialidad a los proveedores de servicios de comunicación o de almacenamiento en la nube, a la vez que establece las circunstancias bajo las cuales el Gobierno de EE.UU. puede obligar al proveedor a revelar el contenido de comunicaciones o datos electrónicos que tiene almacenados o están bajo su control, independientemente de si dicha comunicación, registro u otra información electrónica se encuentra dentro o fuera de los EE.UU. Un interesante análisis de la *CLOUD Act*, y de los problemas que esta norma plantea en su relación con la legislación europea, puede encontrarse en el documento elaborado por el CCBE –*Council of Bars and Law Societies of Europe*–, publicado el 28 de febrero de 2019, y accesible en: https://www.abogacia.es/wp-content/uploads/2020/04/Evaluación-de-CCBE-sobre-la-CLOUD-Act-de-EE.UU_.-respecto-al-Derecho-de-la-UE.pdf
4. Posibilidad introducida a través de una reforma operada en el § 2523 del Código de los Estados Unidos, en los siguientes términos, que reproducimos íntegramente por su interés:

Mediando esos «acuerdos ejecutivos» y si se cumplen las condiciones allí previstas, los PSI estadounidenses estarían entonces autorizados a responder directamente a las peticiones de datos de autoridades extranjeras, evitándose así tener que acudir a los tradicionales y lentos sistemas de «comi-

---

«§ 2523. Executive agreements on access to data by foreign governments (...):
(b) Executive Agreement Requirements. For purposes of this chapter, chapter 121, and chapter 206, an executive agreement governing access by a foreign government to data subject to this chapter, chapter 121, or chapter 206 shall be considered to satisfy the requirements of this section if the Attorney General, with the concurrence of the Secretary of State, determines, and submits a written certification of such determination to Congress, that,
(1) the domestic law of the foreign government, including the implementation of that law, affords robust substantive and procedural protections for privacy and civil liberties in light of the data collection and activities of the foreign government that will be subject to the agreement, if,
(A) such a determination under this section takes into account, as appropriate, credible information and expert input; and (B) the factors to be considered in making such a determination include whether the foreign government,
(i) has adequate substantive and procedural laws on cybercrime and electronic evidence, as demonstrated by being a party to the Convention on Cybercrime, done at Budapest November 23, 2001, and entered into force January 7, 2004, or through domestic laws that are consistent with definitions and the requirements set forth in chapters I and II of that Convention;
(ii) demonstrates respect for the rule of law and principles of non discrimination;
(iii) adheres to applicable international human rights obligations and commitments or demonstrates respect for international universal human rights, including, (I) protection from arbitrary and unlawful interference with privacy; (II) fair trial rights; (III) freedom of expression, association, and peaceful assembly; (IV) prohibitions on arbitrary arrest and detention; and (V) prohibitions against torture and cruel, inhuman, or degrading treatment or punishment;
(iv) has clear legal mandates and procedures governing those entities of the foreign government that are authorized to seek data under the executive agreement, including procedures through which those authorities collect, retain, use, and share data, and effective oversight of these activities;
(v) has sufficient mechanisms to provide accountability and appropriate transparency regarding the collection and use of electronic data by the foreign government; and
(vi) demonstrates a commitment to promote and protect the global free flow of information and the open, distributed, and interconnected nature of the Internet;
(2) the foreign government has adopted appropriate procedures to minimize the acquisition, retention, and dissemination of information concerning United States persons subject to the agreement; and
(3) the agreement requires that, with respect to any order that is subject to the agreement,
(A) the foreign government may not intentionally target a United States person, or a person located in the United States, and shall adopt targeting procedures designed to meet this requirement;
(B) the foreign government may not target a non-United States person located outside the United States if the purpose is to obtain information concerning a United States person or a person located in the United States;
(C) the foreign government may not issue an order at the request of or to obtain information to provide to the United States Government or a third-party government, nor shall the foreign

siones rogatorias» —*mutual legal assistance*—, si bien estos acuerdos serán operativos solo en los supuestos en que se soliciten datos de personas no estadounidenses o que no residen en Estados Unidos. *Vid.* el citado § 2523 del Código de los Estados Unidos.

---

government be required to share any information produced with the United States Government or a third-party government;
(D) an order issued by the foreign government,
(i) shall be for the purpose of obtaining information relating to the prevention, detection, investigation, or prosecution of serious crime, including terrorism;
(ii) shall identify a specific person, account, address, or personal device, or any other specific identifier as the object of the order;
(iii) shall be in compliance with the domestic law of that country, and any obligation for a provider of an electronic communications service or a remote computing service to produce data shall derive solely from that law;
(iv) shall be based on requirements for a reasonable justification based on articulable and credible facts, particularity, legality, and severity regarding the conduct under investigation;
(v) shall be subject to review or oversight by a court, judge, magistrate, or other independent authority; and
(vi) in the case of an order for the interception of wire or electronic communications, and any extensions thereof, shall require that the interception order, (I) be for a fixed, limited duration; (II) may not last longer than is reasonably necessary to accomplish the approved purposes of the order; and
(III) be issued only if the same information could not reasonably be obtained by another less intrusive method;
(E) an order issued by the foreign government may not be used to infringe freedom of speech;
(F) the foreign government shall promptly review material collected pursuant to the agreement and store any unreviewed communications on a secure system accessible only to those persons trained in applicable procedures;
(G) the foreign government shall, using procedures that, to the maximum extent possible, meet the definition of minimization procedures in section 101 of the Foreign Intelligence Surveillance Act of 1978 (50 U.S.C. 1801), segregate, seal, or delete, and not disseminate material found not to be information that is, or is necessary to understand or assess the importance of information that is, relevant to the prevention, detection, investigation, or prosecution of serious crime, including terrorism, or necessary to protect against a threat of death or serious bodily harm to any person;
(H) the foreign government may not disseminate the content of a communication of a United States person to United States authorities unless the communication may be disseminated pursuant to subparagraph (G) and relates to significant harm, or the threat thereof, to the United States or United States persons, including crimes involving national security such as terrorism, significant violent crime, child exploitation, transnational organized crime, or significant financial fraud;
(I) the foreign government shall afford reciprocal rights of data access, to include, where applicable, removing restrictions on communications service providers, including providers subject to United States jurisdiction, and thereby allow them to respond to valid legal process sought

Estados Unidos solo ha firmado hasta la fecha dos acuerdos ejecutivos, con el Reino Unido y con Australia, y está negociando un tercero con Canadá[5]. Por su parte, la Unión Europea como tal también negocia con EE.UU. un acuerdo ejecutivo de este tipo, que incluirá a todos los Estados miembros, y que se espera permitirá en muchos casos el acceso transfronterizo recíproco a numerosas pruebas electrónicas, de manera directa entre proveedores de servicios y autoridades solicitantes, con el fin de reforzar la eficacia de la cooperación judicial en materia penal en este ámbito geográfico EEUU-UE[6].

Por lo demás, deberemos tener en cuenta en esta materia las obligaciones que, también para el Gobierno de EE.UU. y los operadores norteamericanos, se derivarán de la ratificación y aplicación del 2º Protocolo Adicional al Convenio de Budapest sobre Cibercrimen[7], a las que nos referiremos *infra* con más detenimiento.

En todo caso, mientras se espera la próxima firma de ese «acuerdo ejecutivo» entre los Estados Unidos y la Unión Europea, y/o la ratificación y aplicación del 2º Protocolo Adicional al Convenio de Budapest —que podrá ir acompañada de «reservas» por parte de los Estados que finalmente lo ratifiquen—, la situación nada sencilla que tendrán que resolver las autoridades de emisión y de ejecución, junto con los PSI implicados en cada caso, una vez que sea aplicable el «paquete *e-evidence*», será aquella en la que se les pida a los proveedores de servicios que operan en la UE el cumplimiento de un EPOC, pero éstos entiendan que la entrega de los datos solicitados

---

by a governmental entity (as defined in section 2711) if foreign law would otherwise prohibit communications-service providers from disclosing the data;

(J) the foreign government shall agree to periodic review of compliance by the foreign government with the terms of the agreement to be conducted by the United States Government; and

(K) the United States Government shall reserve the right to render the agreement inapplicable as to any order for which the United States Government concludes the agreement may not properly be invoked.

(c) Limitation On Judicial Review. A determination or certification made by the Attorney General under subsection (b) shall not be subject to judicial or administrative review».

5. Así lo refiere el Fiscal español destacado en Eurojust, ESPINA RAMOS, J.A.: «Mecanismos futuros de cooperación», en *Tratamiento integral del cibercrimen*. Formación a Distancia, CGPJ, 2022, pp. 637 a 647, esp. p. 645.

6. Véase la información sobre este extremo contenida en: https://eur-lex.europa.eu/legal-content/ES/ALL/?uri=CELEX:52019PC0070

7. https://www.coe.int/en/web/conventions/full-list?module=signatures-by-treaty&treatynum=224
Hasta ahora lo han firmado 41 Estados, pero solo lo han ratificado dos: Serbia y Japón. Se necesita la ratificación por cinco Estados para que empiece a aplicarse.

podría contravenir el ordenamiento de un tercer Estado —v.gr., el estadounidense—, el cual es aplicable y les vincula también por encontrarse allí la sede del proveedor de servicios requerido.

En tales casos en que el PSI destinatario del EPOC considere que la ejecución de la orden de entrega de datos cursada por una autoridad europea competente entra en conflicto con otra u otras obligaciones jurídicas que le impone el ordenamiento de otro Estado, deberá informar a la autoridad emisora y también a la de ejecución de los motivos para no ejecutar el EPOC. A tal fin seguirá el procedimiento establecido en el art. 10, apdos. 8º y 9º[8] y utilizará el formulario del Anexo III[9] para plantear, a más tardar en diez días después de la fecha en que el destinatario reciba el EPOC, lo que el propio Reglamento en su art. 17 denomina una «*objeción motivada*».

La objeción motivada que en su caso presente el PSI deberá contener toda la información pertinente sobre ese Derecho del tercer país que resulta aplicable al caso concreto y vinculante para el PSI, así como sobre la concreta obligación en conflicto.

De forma expresa indica el apdo. 2º de este art. 17 que la objeción motivada no podrá basarse en la ausencia en el Derecho aplicable del tercer país de disposiciones similares sobre condiciones, formalidades o procedimientos para la emisión de una orden de producción, o en el mero hecho de que los datos estén almacenados en un tercer país.

Una vez transmitida por el PSI la objeción motivada, la autoridad de emisión revisará la orden de producción que cursó, a la luz de los motivos alegados por el proveedor de servicios sobre el conflicto de obligaciones, así

8. El PSI destinatario, sin demora indebida, y a más tardar en el plazo de 10 días, o de 96 horas si es un caso urgente, informará a la autoridad de emisión, y a la de ejecución si ésta ha sido también notificada, de los motivos para no facilitar en plazo todos los datos solicitados. La autoridad de emisión volverá a valorar el EPOC a la vista de esos motivos invocados por el PSI y, en caso necesario, fijará un nuevo plazo para la entrega de los datos, los cuales serán conservados en lo posible hasta su eventual entrega.
9. Concretamente la Sección E de este formulario –Anexo III: *Información sobre la imposibilidad de ejecutar un EPOC/EPOC-PR*– es la dedicada a la información que debe cumplimentarse en caso de «*Obligaciones en conflicto derivadas del Derecho de un tercer país*», y se corresponde con todos los *ítems* que han de valorarse para decidir sobre el conflicto: leyes aplicables del tercer país y texto de las disposiciones pertinentes, obligación en conflicto e interés que protege el Derecho del tercer país –derechos fundamentales de las personas y/o intereses fundamentales de ese Estado relacionados con la seguridad y defensa nacionales–, otros posibles intereses en la causa, explicación sobre los intereses en conflicto, relación entre el PSI y el tercer país, consecuencias para el PSI destinatario si no cumple el EPOC, incluyendo posibles sanciones.

como de la información que pueda aportar al respecto el Estado de ejecución. Si después de tal revisión la autoridad de emisión pretendiera confirmar el EPOC, deberá solicitar un reexamen por el órgano jurisdiccional competente del Estado emisor; entre tanto, la ejecución de la orden quedará en suspenso, hasta que concluya este denominado «*procedimiento de reexamen*» al que se hace referencia en el apdo. 3º del art. 17.

Ese órgano jurisdiccional competente en el Estado emisor valorará si en efecto existe tal conflicto de obligaciones, considerando si es aplicable al caso concreto el Derecho del tercer país y si, en caso de serlo, éste prohíbe la revelación de los datos de que se trate al aplicarse a las circunstancias específicas al supuesto en cuestión.

Si finalmente el órgano jurisdiccional competente estima que no existe tal conflicto de obligaciones, confirmará el EPOC. Si por el contrario concluye que el Derecho de un tercer país prohíbe la revelación de los datos solicitados, determinará si no obstante confirma o por el contrario retira el EPOC.

Este examen se basará, en particular, en los siguientes elementos que se mencionan en el apartado 6º del art. 17, debiéndose dar «*mayor peso*» —así se dice expresamente— a los aspectos contenidos en los apartados a) y b):

a) «*El interés protegido por el Derecho aplicable del tercer país, incluidos los derechos fundamentales y otros intereses fundamentales que impidan la revelación de datos, en particular los intereses de seguridad nacional del tercer país.*

b) *El grado de conexión entre la causa penal para la que se haya emitido la orden europea de producción y uno u otro de los dos territorios, resultante, entre otros: i) de la ubicación, la nacionalidad y el lugar de residencia de la persona cuyos datos se solicitan, o de la víctima o víctimas de la infracción de que se trate, ii) del lugar en que se haya cometido la infracción de que se trate.*

c) *El grado de conexión entre el prestador de servicios y el tercer país en cuestión; en este contexto, el lugar de almacenamiento de los datos por sí solo no será suficiente a los efectos de establecer un grado sustancial de conexión.*

d) *Los intereses del Estado investigador en la obtención de las pruebas en cuestión, en función de la gravedad de la infracción y la importancia de la obtención de pruebas con prontitud.*

e) *Las posibles consecuencias para el destinatario o para el prestador de servicios de cumplir con la orden europea de producción, incluidas las posibles sanciones».*

También está previsto que el órgano jurisdiccional competente en el Estado emisor solicite información adicional a las autoridades competentes del tercer país, teniendo en cuenta lo que establece el Capítulo V de la Directiva (UE) 2016/680[10], *«en la medida en que dicha solicitud no obstruya el proceso penal pertinente»*.

En particular se pedirá esa información al tercer país si el conflicto de obligaciones afecta a derechos fundamentales, u otros intereses fundamentales de ese tercer país en relación con seguridad nacional y defensa, dispone el apdo. 7º de este art. 17 del Reglamento que nos ocupa.

Finalmente, si el órgano jurisdiccional del Estado de emisión decide anular la orden de entrega de datos, informará de tal decisión a la autoridad emisora y al PSI. Si por el contrario decide mantenerla, informará igualmente a los antedichos, y entonces el proveedor de servicios deberá ejecutar el EPOC.

Como conclusión, hasta que no veamos la aplicación práctica que se hará de este art. 17 no podremos saber en qué medida afectará a la eficacia global del nuevo sistema que implanta el «paquete *e-evidence*». Tendremos que valorar entonces con qué frecuencia y en qué términos plantean los PSI esas «*objeciones motivadas*», cómo realizan las autoridades judiciales del Estado de emisión el reexamen del asunto, en el cual tendrán que valorar la aplicación al caso concreto de una normativa y jurisprudencia extranjera, así como el posible conflicto de obligaciones al que seguramente se enfrentarán algunos PSI, ponderando además factores tan complejos y difusos como pueden ser los intereses de seguridad nacional y defensa de ese tercer país, a los que se refiere de manera expresa el art. 17 del Reglamento. A primera vista, no parece que vaya a ser una tarea sencilla.

10. *Relativa a la protección de las personas físicas en lo que respecta al tratamiento de datos personales por parte de las autoridades competentes para fines de prevención, investigación, detección o enjuiciamiento de infracciones penales o de ejecución de sanciones penales, y a la libre circulación de dichos datos.* Concretamente en el Capítulo V se aborda la cuestión relativa a la «*Transferencia de datos personales a terceros países u organizaciones internacionales*».

XI

Vías de recurso efectivas

Se contiene en el art. 18 del Reglamento que nos ocupa —precepto titulado *«vías de recurso efectivas»*— una muy sucinta referencia a dos cuestiones, ambas de gran importancia y que, a nuestro juicio, habrían requerido de una regulación más detallada, así como de un tratamiento debidamente diferenciado: los recursos que se podrán interponer contra las órdenes de producción, por un lado, y por otro, las garantías que han de operar en la admisibilidad y valoración de las pruebas obtenidas a través de esas órdenes.

Comenzando por la primera cuestión, el referido art. 18 dispone que, sin perjuicio de otras vías de recurso de las que se pudiera disponer conforme a lo establecido en los respectivos ordenamientos nacionales, *«toda persona cuyos datos hayan sido solicitados mediante una orden europea de producción tendrá derecho a vías de recurso efectivas contra dicha orden»*. Además, cuando esa persona fuera un sospechoso o acusado, *«tendrá derecho a vías de recurso efectivas durante el proceso penal en que se estén utilizando los datos»*, todo ello sin perjuicio del derecho a la tutela judicial efectiva que esas personas tienen en virtud del Reglamento (UE) 2016/679[1] y de la Directiva (UE) 2016/680[2].

Sobre estas las posibilidades de recurso previstas en el Derecho nacional se deberá facilitar información *«a su debido tiempo»*, y en todo caso debe garantizarse su *«ejercicio efectivo»*, destaca el Considerando 80º del Reglamento.

---

1. *Reglamento (UE) 2016/679 del Parlamento Europeo y del Consejo, de 27 de abril de 2016, relativo a la protección de las personas físicas en lo que respecta al tratamiento de datos personales y a la libre circulación de estos datos y por el que se deroga la Directiva 95/46/CE.*
2. *Directiva (UE) 2016/680 del Parlamento Europeo y del Consejo, de 27 de abril de 2016, relativa a la protección de las personas físicas en lo que respecta al tratamiento de datos personales por parte de las autoridades competentes para fines de prevención, investigación, detección o enjuiciamiento de infracciones penales o de ejecución de sanciones penales, y a la libre circulación de dichos datos.*

Debemos llamar la atención en primer término sobre el hecho de que solo se reconoce este derecho a vías de recurso efectivas contra las órdenes europeas de producción, y no contra las de conservación, a pesar de que se podrían dar también en el segundo caso irregularidades impugnables; por ejemplo, haber superado los plazos máximos previstos de conservación de datos o, simplemente, que no concurrieran los presupuestos normativos para el dictado de un EPOC-PR[3].

El apdo. 2º de este art. 18 especifica que esas *«vías de recurso efectivas»* se ejercerán ante un órgano jurisdiccional[4] del Estado emisor, de conformidad con su Derecho nacional, y deberán incluir la posibilidad de impugnar la legalidad, la necesidad y la proporcionalidad de la medida, *«sin perjuicio de las garantías de los derechos fundamentales en el Estado de ejecución»*.

Si nos fijamos concretamente en los sujetos que pudieran verse afectados por las órdenes cursadas y que no fueran ni investigados ni acusados[5], a la vista del tenor del art. 18 no queda claro si para poder impugnar las órdenes

3. Así lo ha puesto de relieve con acierto el abogado TOPALNAKOS, P.: «Critical Issues in the New Regulation on Electronic Evidence in Criminal Proceedings», *EuCrim*, 2/2023, pp. 200 y ss., esp. p. 202.

4. Tengamos en cuenta que las resoluciones sobre EPOC que pudieran emitir los fiscales en el marco de sus diligencias preliminares para obtener datos de abonados o de identificación de usuarios, en España serán *decretos*, que son resoluciones irrecurribles. Así en relación con la OEI, *vid.* art. 13.4 LRMRP: «no cabrá recurso alguno contra la decisión de transmisión de un instrumento de reconocimiento mutuo acordada por el Ministerio Fiscal en sus diligencias de investigación, sin perjuicio de su valoración posteriormente en el correspondiente procedimiento penal, de conformidad con lo previsto en la LECrim». A la vista de la jurisprudencia del TJUE en el asunto *Gavanozov*, parece ser que no se incumpliría el derecho a «vías de recurso efectivas» en el Estado de emisión, pues existiría en nuestro ordenamiento un mecanismo procesal para el control de legalidad y proporcionalidad de la orden de producción del fiscal, que se sustanciaría ante el juez instructor del caso. No obstante, igual que se criticó en el marco de la Directiva OEI la falta de precisión de la norma europea en una cuestión tan importante como es el derecho a los recursos, es objetable también este insuficiente grado de armonización de que adolece el apdo. 2º del art. 18 del Reglamento 2023/1543. *Vid.* sobre este particular en el marco de la OEI, LARO GONZÁLEZ, E.: «Luces y sombras...», *op. cit.*, pp. 135 y ss., DE HOYOS SANCHO, M.: «Algunas dificultades...», *op. cit.*, pp. 511 y ss.; GARRIDO CARRILLO, F.J.: «Insuficiencias y limitaciones de la OEI», *Revista de Estudios Europeos*, núm. 1, 2019, p. 219. *Vid.* también con más detalle los concretos pronunciamientos del TJUE al respecto en el conocido asunto(s) *Gavanozov I y II*, C-324/17, de 24 de octubre de 2019 y C-852/19, de 11 de noviembre de 2021.

5. El Considerando 80º nos recuerda que «Es esencial que *todas las personas* cuyos datos se solicitan en investigaciones o procesos penales tengan acceso a una tutela judicial efectiva, de conformidad con el artículo 47 de la Carta. De acuerdo con este requisito y sin perjuicio de otras vías de recurso posibles de conformidad con el Derecho na-

que les afectaran indebidamente —por ilegales y/o desproporcionadas—, éstos tendrían que personarse necesariamente en el proceso penal que se sigue en el Estado de emisión, lo que desde luego conllevaría para ellos dificultades notables. Esa cuestión deberá concretarse en las legislaciones nacionales de desarrollo de este Reglamento, y esperamos que se haga de forma homogénea.

Respecto de la última frase del apdo. 2° —«*sin perjuicio de las garantías de los derechos fundamentales en el Estado de ejecución*»—, que desde luego es bastante genérica e imprecisa[6], hemos de suponer que incluiría la posibilidad de que, tanto sospechosos y acusados, como otras personas afectadas por la orden, solicitaran a la autoridad competente del Estado de ejecución que controlasen si se ha producido alguna vulneración de derechos fundamentales por parte del PSI en el cumplimiento —o incumplimiento[7]— de la orden recibida, principalmente en materia de protección de datos personales, inmunidades y privilegios, libertad de prensa o de expresión, así como legalidad, necesidad y proporcionalidad de su actuación. También esta posibilidad de ejercer la defensa de los derechos en el Estado de ejecución deberá ser objeto de regulación expresa en las respectivas leyes nacionales que desarrollen este Reglamento[8].

---

cional, *toda persona* cuyos datos hayan sido solicitados mediante una orden europea de producción debe tener derecho a una tutela efectiva contra dicha orden».

6. Esta misma frase se contiene de manera idéntica en el apdo. 2° del art. 14 de la Directiva sobre OEI. Véase el análisis que realizan de la misma en ese contexto normativo, LARO GONZÁLEZ, E.: *La orden europea de investigación…*, *op. cit.*, pp. 370 y ss., y RODRÍGUEZ-MEDEL, C.: *Obtención y admisibilidad en España de la Prueba Penal Transfronteriza*, Aranzadi, Cizur Menor, 2016, pp. 457 y 458.

7. Como atinadamente destaca RODRÍGUEZ-MEDEL, *op. supra cit.*, p. 457, en relación con la OEI, la decisión que deniega el reconocimiento o la ejecución de la orden es también importante, y debería poder ser recurrida igualmente. Tengamos en cuenta que, tanto la OEI como ahora la orden de producción, pueden haber sido solicitadas también por la defensa o por acusaciones personadas en la causa.

8. Critica con razón P. TOPALNAKOS, *op. supra cit.*, p. 202, que en este Reglamento no se haya incluido una previsión expresa que garantice la disponibilidad de recursos *-legal remedies-* en el Estado de ejecución, pues esta deficiencia puede crear serias complicaciones en relación con la efectividad de ese derecho de defensa, ya que las personas afectadas tendrían que dirigirse al Estado de emisión para ejercitar sus derechos, lo cual sería todo un desafío para ellas. A juicio del autor, la referencia que se contiene en el apdo. 2° *in fine* de este art. 18 –«*sin perjuicio de las garantías de los derechos fundamentales en el Estado de ejecución*»–, no puede quedar solo como una suerte de «garantía meramente semántica» *–semantic safeguard–*, sino que debería tener un contenido realmente normativo, que incluyera la posible revisión de la orden en el Estado de ejecución cuando así lo solicite la persona afectada por ella, según lo dispusiera la ley estatal para casos similares.

Nada se dice en el este art. 18 del Reglamento sobre el carácter suspensivo, o no, de la ejecución de la orden de producción por la interposición de recursos. No obstante, si tenemos en cuenta que los afectados o sospechosos no conocerán de la solicitud cursada al PSI hasta después de la entrega de los datos a la autoridad de emisión —*vid.* art. 13—, su posible recurso sería necesariamente posterior a dicha entrega. Existe no obstante la posibilidad, si la legislación nacional del Estado emisor así lo previera, de prohibir la utilización los datos solicitados y recibidos hasta que no se resolvieran esos recursos[9].

En cualquier caso, toda esta cuestión de los recursos contra las órdenes emitidas o contra su reconocimiento y ejecución, materia muy importante por su relación directa con los derechos de la defensa y la tutela judicial efectiva, a pesar de lo cual se menciona solo de forma muy genérica en el art. 18 del Reglamento, deberá tener su desarrollo mucho más detallado en las respectivas legislaciones nacionales, considerando también, *mutatis mutandis*, la jurisprudencia del TJUE sobre los recursos frente a la OEI que pudiera ser aplicable[10].

9. Si nos fijamos en lo que al respecto dispone la Directiva OEI en su art. 14, apdo. 6º, ésta indica: «*La impugnación no suspenderá la ejecución de la medida de investigación, a menos que esté previsto en casos internos similares*».
10. Un resumen de la misma puede consultarse en el trabajo de LARO GONZÁLEZ, E.: «El derecho al recurso en clave europea: el régimen previsto por la orden europea de investigación», en *Revista APDPUE*, núm. 6, 2022, pp. 181 y ss.

XII

Transmisión de las pruebas a otros Estados

El art. 18 del Reglamento que nos ocupa también incluye en su apdo. 5° una muy escueta referencia a dos cuestiones de extraordinaria importancia, tanto teórica, como práctica: la posible transmisión de las pruebas a otros Estados y la valoración de las pruebas obtenidas a través de la orden europea de producción[1]. Todo ello bajo el epígrafe general de este precepto, titulado «*Vías de recurso efectivas*», lo cual no deja de ser sorprendente, pues entendemos que ambas materias, transmisión y valoración de las pruebas, habrían requerido sendos tratamientos específicos y, desde luego, diferenciados de la cuestión de los recursos.

Se indica en dicho apartado 5° que, «*Sin perjuicio de las normas procesales nacionales, el Estado emisor y cualquier otro Estado miembro al que se hayan transmitido pruebas electrónicas en virtud del presente Reglamento velarán por que se respeten los derechos de defensa y equidad del proceso al valorar las pruebas obtenidas a través de la orden europea de producción*».

Nos habría gustado poder leer un pronunciamiento expreso y claro del legislador UE sobre la aplicación del *principio de especialidad*[2] en relación con este instrumento; es decir, que se hubiera optado expresamente por limitar el

1. Materias estas a las que, por cierto, a pesar de su gran trascendencia, no se hace alusión alguna en los extensos *Considerandos* del Reglamento.
2. Una de las objeciones que ya se formularon a la Propuesta de Reglamento de 2018 fue precisamente que no se incluyera una referencia expresa a ese principio, un clásico en los instrumentos de cooperación transfronteriza. Así lo manifestó la Comisión LIBE del Parlamento europeo en el referido Informe de 2020, cuando con toda claridad advirtió esta carencia y ya propuso que se introdujeran limitaciones al uso de la información obtenida con el EPOC *–vid.* art. 11 bis–, de tal manera que como regla general no se pudieran utilizar los datos obtenidos de los PSI en procedimientos distintos de aquellos para aquellos en que se hubieran obtenido, «*excepto en situaciones en las que exista una amenaza inminente para la vida o la integridad física de una persona*», lo que incluiría los riesgos de interrupción o destrucción de una infraestructura crítica.

uso de la información electrónica que la autoridad de emisión vaya a obtener del PSI a la concreta causa que se está investigando/enjuiciando/ejecutando. Sin embargo, del referido escueto tenor del apdo. 5º del art. 18 más bien debiéramos deducir lo contrario: que sí es posible transmitir a cualesquiera otro Estado miembro las pruebas electrónicas obtenidas por la autoridad del Estado de emisión, aunque no se nos indica con qué presupuestos o condiciones. Además, hemos de suponer también que, si la información recibida puede transmitirse a otros Estados miembros, también podrá emplearse en otras causas distintas que se sustancien en el propio Estado de emisión[3].

En consecuencia, todo parece indicar que no operará en relación con este instrumento de cooperación el referido *principio de especialidad*, el cual, con más o menos extensión, ha sido siempre una constante en las solicitudes de asistencia judicial para la obtención de pruebas.

Así, ya se recogía y se ha aplicado en el ámbito del Convenio de asistencia judicial en materia penal entre Estados miembros UE —*Convenio 2000*[4]— e incluso, aunque la Directiva sobre la Orden Europea de Investigación no regulaba expresamente este principio, la doctrina deducía su vigencia del tenor del del art. 19 apdo. 3º de la Directiva OEI[5], y concretamente en la ley española de transposición de la Directiva OEI, en su art. 193 LRMRP, sí se

3. Sobre la importante cuestión de la cesión de datos entre procesos penales y administrativos, *vid.* por todos MONTORO SÁNCHEZ, J.A.: *Uso y cesión de datos de carácter personal*, Aranzadi, Cizur Menor, 2022, y así como las obras colectivas dirigidas por COLOMER HERNÁNDEZ, I.: *Uso de la información y de los datos personales en los procesos*, Aranzadi, Cizur Menor, 2022; *Cesión de datos personales y evidencias entre procesos penales y procedimientos administrativos sancionadores o tributarios*, Aranzadi, Cizur Menor, 2017.

4. «*Artículo 23. Protección de datos de carácter personal.*
1. Los datos de carácter personal comunicados con arreglo al presente Convenio podrán ser utilizados por el Estado miembro al que se hayan transmitido:
a) para los procedimientos a los que se aplica el presente Convenio; b) para otros procedimientos judiciales y administrativos directamente relacionados con los procedimientos a que se refiere la letra a); c) para prevenir una amenaza inmediata y grave para la seguridad pública; d) para cualquier otra finalidad, únicamente previa autorización del Estado miembro transmisor, a menos que el Estado miembro de que se trate haya obtenido el consentimiento de la persona interesada. (...)».

5. «*La autoridad de emisión, con arreglo a su propio Derecho interno y a menos que la autoridad de ejecución haya indicado otra cosa, no desvelarán cualquier prueba o información facilitadas por la autoridad de ejecución, excepto en la medida en que su revelación sea necesaria para las investigaciones o procedimientos descritos en la OEI*». *Vid.* en este sentido, más ampliamente, RODRÍGUEZ-MEDEL, C.: *Obtención y admisibilidad...*, *op. cit.*, p. 390.

contiene una referencia expresa a la cuestión, indicando incluso las posibles excepciones al *principio de especialidad*[6].

Sobre esta cuestión, y ya en relación con el EPOC / EPOC-PR, habría sido deseable mayor esfuerzo armonizador por parte de las instituciones UE, para que no se lleguen a producir diferencias tan notables en la autorización de cesión de datos a otras causas o a otros Estados, como aquellas sobre las que han informado Eurojust y Red Judicial Europea[7], en los siguientes términos: los Estados miembros vienen manteniendo opiniones divergentes acerca de si dicho principio se aplica o no en el marco de la OEI, pues algunos entienden que la prueba entregada solo se puede usar a los efectos de la específica investigación para la que se ha solicitado; otros Estados no hacen mención alguna de la cuestión, pero dan por sentado que las pruebas no se utilizarán para otros fines; algunos consideran que, antes de utilizar las pruebas en un caso distinto, siempre debería solicitarse autorización al Estado miembro de ejecución; otros estiman que ese paso no es necesario, pues es la autoridad de emisión la que decide al respecto y puede en consecuencia transferir las pruebas.

En todo caso, a modo de «buenas prácticas», Eurojust y la Red Judicial Europea recomiendan en el marco de la Orden Europea de Investigación, para evitar problemas ulteriores en relación con la validez de la prueba, que la autoridad competente del Estado miembro emisor curse una petición separada y reciba la correspondiente autorización de la autoridad de ejecución antes de usar las pruebas recibidas con fines distintos de los establecidos en la OEI inicial. Esta parece desde luego una recomendación práctica muy razonable, que entendemos debería extrapolarse al nuevo sistema de

6. «Artículo 193 LRMRP. *Utilización en España de los datos personales obtenidos en la ejecución de la orden europea de investigación en otro Estado miembro. 1. Los datos personales obtenidos de la ejecución de una orden europea de investigación sólo podrán ser empleados en los procesos en los que se hubiera acordado esa resolución, en aquellos otros relacionados de manera directa con aquél o excepcionalmente para prevenir una amenaza inmediata y grave para la seguridad pública. Para utilizar con otros fines los datos personales obtenidos, la autoridad española competente deberá recabar el consentimiento de la autoridad del Estado de ejecución o del titular de los datos. 2. Cuando en un caso concreto así lo requiera la autoridad competente del Estado de ejecución, la autoridad española competente le informará del uso que haga de los datos personales que se hubieran remitido a través de una orden europea de investigación, con excepción de aquéllos obtenidos durante su ejecución en España*».

7. *Vid. Nota conjunta de Eurojust y de la Red Judicial Europea sobre la aplicación práctica de la Orden Europea de Investigación*, junio 2019, esp. p. 16. Accesible en: https://www.eurojust.europa.eu/sites/default/files/Publications/Reports/2019-06-Joint_Note_EJ-EJN_practical_application_EIO_ES.pdf

obtención transfronteriza de información electrónica, aunque el tenor del Reglamento 2023/1543 no lo establezca.

Si se tratara de transmitir toda o parte de la información electrónica obtenida a través del EPOC por el Estado de emisión a otro/s Estados miembros, entendemos que tal posible transmisión también debería comunicarse y autorizarse por el PSI, y en su caso por la autoridad de ejecución si operó el «mecanismo de notificación», ya que éstos deberían poder controlar si se dan los presupuestos normativos para que, en esa otra investigación/enjuiciamiento/ejecución en otro Estado miembro, se pueda disponer de los datos suministrados en su día por el PSI[8].

Ya veremos en qué términos se concreta esta cuestión en las respectivas leyes y/o prácticas nacionales de aplicación del Reglamento 2023/1543, a falta de norma UE de armonización suficientemente clara en este sentido. Mucho nos tememos que, como pusieron de relieve Eurojust y la Red Judicial Europea en el referido Informe sobre el *principio de especialidad* en la OEI, las soluciones estatales puedan ser finalmente muy dispares, lo que desde luego no es nada positivo, ni desde la perspectiva de la seguridad jurídica, ni tampoco desde el punto de vista de la eficacia de la cooperación transfronteriza.

Por lo demás, un extremo sí ha quedado claro a la luz de la reciente jurisprudencia del TJUE. Precisamente en relación con el *principio de especialidad*, en la Sentencia dictada en el asunto C-162/22, de 7 de septiembre de 2023, *Lietuvos Respublikos generaline prokuratura*, el TJUE concluyó que es contrario a la Directiva 2002/58/CE, sobre privacidad y comunicaciones electrónicas[9], que los datos de tráfico y de localización conservados por los PSI en aplicación del art. 15, apdo. 1° de esta Directiva y entregados a las

8. Con la salvedad de los supuestos en que pudiera operar el «*intercambio espontáneo de información*», que ya se regula en el art. 7 del Convenio 2000, en los siguientes términos: «1. *Con las limitaciones impuestas por el Derecho interno, las autoridades competentes de los Estados miembros podrán intercambiar información, sin que medie solicitud alguna al respecto, acerca de infracciones penales y de infracciones de disposiciones legales conforme a lo previsto en el apartado 1 del artículo 3, cuya persecución o penalización, en el momento del suministro de dicha información, entre en el ámbito de competencias de la autoridad receptora.*
2. La autoridad que proporcione la información podrá imponer condiciones a la utilización de la información por la autoridad receptora, de conformidad con su Derecho interno.
3. La autoridad receptora estará obligada a respetar dichas condiciones (…)».
9. Directiva 2002/58/CE, del Parlamento Europeo y del Consejo, de 12 de julio de 2002, relativa al tratamiento de los datos personales y a la protección de la intimidad en el sector de las comunicaciones electrónicas (Directiva sobre la privacidad y las comunicaciones electrónicas); *vid.* esp. art. 15.

autoridades competentes *a los efectos de la lucha contra la delincuencia grave*, hayan sido transmitidos por éstas posteriormente a otras autoridades *para sancionar administrativamente* conductas indebidas en el ejercicio del cargo relacionadas con la corrupción, que son de una importancia menor.

En este caso concreto se utilizaron esos datos en el ámbito administrativo para imponer una sanción disciplinaria a un Fiscal de una fiscalía lituana por haber facilitado ilegalmente información a un sospechoso y a su abogado durante la instrucción de una causa. La conducta indebida del Fiscal se acreditó sobre la base de datos conservados por el PSI a los efectos de la lucha contra la delincuencia grave, y se consideró una injerencia injustificada en los derechos fundamentales de los arts. 7 y 8 de CDFUE que después esos datos se utilizaran en investigaciones para causas y sanciones meramente administrativas.

XIII

Admisibilidad y valoración de las pruebas obtenidas

A la cuestión de la admisibilidad y valoración de las pruebas que se obtengan a través de la orden europea de producción se hace una referencia muy escueta en el apdo. 5º del art. 18 del Reglamento 2023/1543. A falta de normas armonizadoras en el ámbito UE sobre estos extremos tan relevantes, destacadamente en supuestos de posible ilicitud probatoria y sus consecuencias reflejas, en último término cada Estado, y más concretamente cada órgano jurisdiccional, tendrá que valorar estas pruebas consistentes en la entrega de información electrónica por los PSI, y todas las demás pruebas presentadas en la causa, exclusivamente conforme a sus propias normas y jurisprudencia aplicables al caso, tanto nacionales como europeas.

La referencia a que los Estados «*velarán por que se respeten los derechos de defensa y equidad del proceso al valorar las pruebas obtenidas a través de la orden europea de producción*», a nuestro juicio, no aporta demasiado[1]; va de suyo, pues es una exigencia de todo proceso penal en el «espacio de libertad, seguridad y justicia de la Unión», con o sin elemento de cooperación transfronteriza, de principio a fin. Ahora bien, la concreción y aplicación

1. La Propuesta de Reglamento de 2018 no indicaba nada a este respecto. Tras el citado Informe del Parlamento europeo de 2020, se incluyó en la versión del entonces art. 11 *quater* una referencia a que la información obtenida incumpliendo el Reglamento «*no sería admisible ante un órgano jurisdiccional*». *Vid.* las valoraciones que sobre esta carencia ya expusiera CUADRADO SALINAS, «La efectividad de las pruebas penales obtenidas en el marco de la futura normativa europea relativa a la obtención y conservación de pruebas electrónicas», *Revista General de Derecho Procesal*, núm. 55, 2021, pp. 1 y ss., esp. pp. 20 a 22: se vuelve a dejar al criterio del Estado miembro la decisión sobre las consecuencias procesales de las pruebas obtenidas con vulneración de derechos; parece que hay poco interés en establecer normas que delimiten la inadmisibilidad de pruebas, concluyó la autora.

práctica de estos principios rectores del proceso puede ser, y de hecho es, muy diversa en los distintos Estados del espacio UE[2].

Queda mucho camino por andar en materia de armonización, siquiera mínima, de la admisibilidad y valoración de esta prueba, y de todas las que se obtienen en el marco de un proceso penal. Desde luego esta circunstancia no redunda en la eficacia de la cooperación transfronteriza en materia probatoria, ni tampoco en una tutela más efectiva de los derechos de investigados, de acusados y de las víctimas.

En este punto debemos llamar la atención en particular sobre una propuesta normativa articulada, presentada el 8 de mayo de 2023 por el *European Law Institute*[3], precisamente tendente a armonizar en el «espacio de libertad, seguridad y justicia de la Unión» algunas cuestiones relativas a la admisibilidad mutua de pruebas penales transfronterizas, incluidas las pruebas electrónicas[4] que nos ocupan en este trabajo, y que lleva por título: *ELI Proposal for a Directive of the European Parliament and the Council on Mutual*

2. Sobre este particular siguen siendo muy valiosos los estudios que realizaran ARMENTA DEU, T.: *La prueba ilícita. Un estudio comparado*, 2ª Ed., Marcial Pons, Madrid, 2011; MIRANDA ESTRAMPES, M.: *Prueba ilícita y regla de exclusión en el sistema estadounidense*, Marcial Pons, Madrid, 2019; y PLANCHADELL GARGALLO, A.: *La prueba prohibida. Evolución jurisprudencial*, Aranzadi, Cizur Menor, 2014.
3. El proyecto ha sido liderado por los Profesores BACHMAIER y SALIMI, y en él han participado relevantes juristas de distintas nacionalidades –abogados, fiscales, jueces, profesores–, todos ellos reconocidos expertos en la materia. El documento completo es accesible en:
https://www.europeanlawinstitute.eu/fileadmin/user_upload/p_eli/Publications/ELI_Proposal_for_a_Directive_on_Mutual_Admissibility_of_Evidence_and_Electronic_Evidence_in_Criminal_Proceedings_in_the_EU.pdf.
Algunos comentarios adicionales a este informe se pueden encontrar en: BACHMAIER WINTER, L.: «Mutual Admissibility of Evidence and Electronic Evidence in the EU», *EUCrim*, 2023, pp. 223-229; MARTÍNEZ SANTOS, A.: «Admisibilidad mutua de prueba penal transfronteriza en la Unión Europea: la propuesta de Directiva del European Law Institute», *RGDP*, núm. 61, 2023, pp. 1-15.
4. Previamente se han publicado otros trabajos e informes tendentes igualmente a proporcionar pautas sobre obtención, admisión y valoraciones de las pruebas electrónicas, también en causas con elementos transfronterizos. Véanse, entre otros, el *Libro Verde sobre la obtención de pruebas en materia penal en otro Estado miembro y sobre la garantía de su admisibilidad*, que publicó la Comisión europea en 11.11.2009, COM (2009) 624 final, y las respuestas al mismo. Más recientemente, destacables son los trabajos contenidos en la obra colectiva dirigida por CAIANIELLO, M. y CAMON, A.: *Digital Forensic Evidence. Towards Common European Standards in Antifraud Administrative and Criminal Investigations*, Cedam, Milano, 2021; la dirigida por BACHMAIER, L. y RUGGERI, S.: *Investigating and Preventing Crime in the Digital Era*, Springer, 2022; así como las monografías de RODRÍGUEZ-MEDEL NIETO, C.: *Prueba penal transfronteriza..., op.*

Admissibility of Evidence and Electronic Evidence in Criminal Proceedings — Propuesta ELI en lo sucesivo—.

Los objetivos de esta *Propuesta ELI* se explican con claridad en el propio documento: con base en lo que dispone el art. 82.2.a) TFUE, se pretende establecer unos mínimos estándares comunes sobre admisibilidad de pruebas transfronterizas en materia penal entre Estados miembros, y en particular sobre pruebas electrónicas, los cuales contribuirían a facilitar el reconocimiento mutuo de resoluciones, al tiempo que se reforzaría la protección de los derechos fundamentales de sospechosos y acusados en el ámbito del espacio de libertad, seguridad y justicia de la Unión.

Se destaca en la referida *Propuesta ELI* cómo en esta materia probatoria se han producido relevantes avances en los últimos años en dicho espacio: se ha simplificado notablemente la obtención transfronteriza de pruebas en materia penal a través de la OEI, se han establecido plazos para cumplir las peticiones y se han fijado concretos motivos de rechazo de la solicitud de cooperación, que han de ser interpretados restrictivamente. De hecho, la OEI se está utilizando constantemente y de forma óptima en términos generales[5]; todo un logro si se compara con la situación anterior a la aplicación de esta Directiva OEI. Sin embargo, las instituciones UE no han logrado avanzar en el establecimiento de principios generales sobre admisibilidad de las pruebas.

---

cit., y MARTIN GARCÍA, A.L. y BUJOSA VADELL, L.: *La obtención de prueba en materia penal en la UE*, Atelier, Barcelona, 2016.

5. Puede comprobarse en el último informe publicado por la Comisión europea en 2021: https://eur-lex.europa.eu/legal-content/ES/TXT/PDF/?uri=CELEX:52021DC0409&from=ES. Véanse no obstante los problemas que se apuntan en DE HOYOS SANCHO, M.: «Algunas dificultades en la aplicación práctica de la orden europea de investigación», *op. cit.*, pp. 511 y ss.; AGUILERA MORALES, M.E.: «La implementación de la orden europea de investigación», en *La cooperación procesal internacional en la sociedad del conocimiento,* Bueno de Mata, F. (Dir.), Atelier, Barcelona, 2019, pp. 457 y ss. De interés también el análisis que realizan JIMENO BULNES, M.: «La prueba transfronteriza y su incorporación al proceso penal español», en *Orden europea de investigación y prueba transfronteriza en la Unión Europea*, I. González Cano (Dir.), Tirant lo Blanch, Valencia, 2019, pp. 719 y ss.; DOMINGUEZ RUIZ, L.: *La orden europea de investigación, op. cit.*; LLORENTE SÁNCHEZ-ARJONA, M.: *La Orden Europea de Investigación…, op. cit.*; y más recientemente las valoraciones de LARO GONZÁLEZ, M.E.: «Luces y sombras de la Orden Europea de Investigación», *op. cit.*, pp. 129 y ss.

Cierto es que se han aprobado importantes Directivas sobre derechos de investigados y acusados[6], que se han producido avances notables en el ámbito de aplicación de la presunción de inocencia[7], o que se ha logrado un relativo consenso sobre la garantía del *ne bis in idem*[8], pero no se ha dado todavía el necesario paso fundamental hacia la armonización en materia de admisibilidad probatoria.

En todo caso, una conclusión es clara y estimamos que se debe compartir en toda su amplitud: ser sujeto de un proceso penal en el que se cuenta con elementos transfronterizos no puede afectar negativamente al derecho de defensa, ni diluir las garantías procesales de los acusados.

Por lo tanto, es absolutamente necesario establecer en el ámbito UE criterios claros y homogéneos en relación con los aspectos más esenciales de la admisibilidad o exclusión de las pruebas penales transfronterizas.

El primer objetivo expreso de la *Propuesta ELI* es tratar de asegurar que las pruebas obtenidas en otro Estado miembro no sean rechazadas, simplemente porque no cumplen con las previsiones legales o formalidades aplicables en el Estado en que se sustancia la causa penal —*lex fori*—.

Algunos Estados de la Unión vienen confiando «ciegamente» en la forma en que se hayan podido obtener las pruebas en otro Estado y aplican el llamado *«principio de no indagación»*[9] —*«non-inquiry»*—, de tal manera que no realizan un control sobre si se han cumplido las normas y formalidades que rigen en ese Estado para la obtención de pruebas, la *lex loci*. Sin embar-

6. Materias abordadas con detalle en las obras colectivas dirigidas por ARANGÜENA FANEGO, C. y DE HOYOS SANCHO, M.: *Garantías procesales de investigados y acusados. Situación actual en el ámbito de la Unión Europea*, Tirant lo Blanch, Valencia 2018, y posteriormente en *Garantías procesales de investigados y acusados en los procesos penales en la Unión Europea. Buenas prácticas en España*, Aranzadi, 2020; así como *Procedural Safeguards for Suspects and Accused Persons in Criminal Proceedings. Good Practices Throughout the European Union*, Springer, 2021.
7. *Vid.* más ampliamente el análisis contenido en DE HOYOS SANCHO, M. y GUERRERO PALOMARES, S.: «Directiva 2016/343, de 9 de marzo, por la que se refuerzan en el proceso penal determinados aspectos de la presunción de inocencia», *Garantías procesales…, op. cit.*, pp. 93 y ss.
8. Véase HERNÁNDEZ LÓPEZ, A.: «La aplicación del principio *ne bis in ídem* en la nueva jurisprudencia del TJUE sobre acumulación de sanciones administrativas y penales», en *Revista de Estudios Europeos*, núm. 1, 2019, pp. 286 y ss.
9. Sobre esta cuestión véase GASCÓN INCHAUSTI, F.: «La eficacia de las pruebas penales obtenidas en el extranjero al amparo del régimen convencional: apogeo y declive del principio de no indagación», en *Orden europea de investigación y prueba transfronteriza en la Unión Europea, op. cit.*, pp. 31 y ss.

go, en otros Estados esa misma cuestión es objeto de un exhaustivo «filtro doméstico», que tiene por objeto asegurarse de que se ha cumplido con la legislación y las reglas vinculantes en el Estado de recogida de las pruebas[10]. En definitiva, soluciones bien diversas en los distintos Estados miembros, lo que desde luego no facilita la circulación de pruebas y puede impactar también negativamente sobre los derechos de la defensa.

De otro lado, las «*exclusionary rules*» —reglas sobre exclusión de pruebas obtenidas ilícitamente y sus efectos reflejos[11]— son, sin duda, una de las cuestiones más controvertidas en el Derecho Procesal, tanto en el ámbito penal como en el civil. En algunas jurisdicciones nacionales esas pruebas no serían admitidas, salvo «descubrimiento inevitable», mientras que otras son más flexibles en este punto y podrían aceptar esa prueba ilícitamente obtenida, por ejemplo, si fuera la única disponible y su valoración superase el test sobre «*balancing of interests*», en el que se entrarían a considerar aspectos como la naturaleza de la ilicitud en la obtención, la gravedad del delito investigado, etc.

Además, la jurisprudencia del TEDH es de escasa ayuda en este punto, ya que en términos generales considera que la cuestión de la admisibilidad de las pruebas ha de ser determinada por las respectivas legislaciones y jurisprudencias nacionales. Es más, de partida el TEDH no excluye el uso de pruebas obtenidas ilegalmente[12].

En todo caso, es preciso lograr un correcto equilibrio entre los derechos de la defensa y la necesidad de luchar eficazmente contra el crimen, y la *Propuesta ELI* pretende alcanzarlo, o al menos aproximarse a él, estableciendo en primer lugar la siguiente regla general —*vid.* art. 4 *Propuesta ELI*—:

Los Estados miembros garantizarán la admisión de las pruebas transfronterizas si en su obtención se ha respetado la *lex loci* —cuestión que será controlada por el tribunal que juzga[13]— y que en el caso de que las pruebas

10. *Vid.* más ampliamente las explicaciones y ejemplos contenidos en la *Propuesta ELI*, pp. 13 y 14.
11. Entre los trabajos más recientes en la literatura alemana, *vid.* ELLERBROCK, T. y HARTMANN, L.: «Die Fernwirkung des öffentlich-rechtlichen Reaktionsrechts auf die strafprozessualen Beweisverwertungsverbote», *Zeitschrift für die gesamte Strafrechtswissenschaft*, 2022, 134 (3), pp. 708-746.
12. El propio informe previo contenido en la *Propuesta ELI* cita diversa jurisprudencia del TEDH en este sentido; *vid.* p. 15.
13. A nuestro juicio, esto no será tarea fácil, pues el tribunal de la causa deberá valorar normativa y jurisprudencia *de otro Estado* en materia de obtención de pruebas, tema con muchas aristas en la práctica y casuística muy diversa. Además, ese tribunal del

se hubieran obtenido bajo normas distintas de la *lex fori*, ello no conducirá a su inadmisibilidad, a menos que se vulneren Derechos o principios fundamentales del Estado en que se tramita la causa penal *—forum State—*.

Además, los Estados miembros deberán asegurar de partida que las pruebas obtenidas con violación de la *lex loci* no sean transferidas a otro Estado miembro para ser empleadas en causas penales. Por su parte, el Estado del foro tendrá en consideración el resultado de posibles recursos interpuestos contra la obtención o transmisión de pruebas en el Estado donde se obtuvieron.

La *Propuesta ELI* no contiene obligaciones adicionales respecto a cómo deben valorar las pruebas los tribunales nacionales, pero sí pretende reforzar el cumplimiento de la jurisprudencia del TEDH y del TJUE en relación con la inadmisibilidad de algunas pruebas.

Así, en el art. 5 de la *Propuesta ELI* se indican los supuestos que se consideran de «absoluta inadmisibilidad de la prueba», y se exige a los Estados miembros asegurarse de que, si se vulneran esas prohibiciones, las pruebas no podrán usarse en procesos penales nacionales, ni transmitirse a otros Estados miembros a esos mismos fines.

Los supuestos son los siguientes: prohibición de torturas o tratos inhumanos o degradantes; prohibición de coerción inaceptable sobre una persona para que se auto incrimine; prohibición de engaño y de excesiva interferencia en el libre albedrío de la persona.

En el art. 6 se mencionan los supuestos de «no absoluta (o relativa) inadmisibilidad de prueba» en los siguientes términos: los Estados miembros garantizarán que las declaraciones auto inculpatorias del sospechoso durante los interrogatorios policiales en ausencia de un abogado defensor no serán admitidas como prueba, a no ser que el acusado las confirme en el juicio; garantizarán también que las pruebas obtenidas violando el derecho a la confidencialidad de las comunicaciones con el abogado defensor no serán admitidas en los procesos penales, así como las pruebas sobre comunicaciones con religiosos obtenidas violando el secreto de confesión.

---

foro deberá realizar tal valoración con la información que al respecto le proporcione, ¿quién?, ¿el tribunal del lugar donde se han obtenido las pruebas, o también se deberá considerar la información que al respecto pueda aportar la defensa? Entendemos que la opción correcta es la segunda *–vid.* art. 10 de esta misma Propuesta ELI–, por lo que el tribunal de la causa deberá realizar un exhaustivo análisis de la cuestión con toda la información que se le proporcione al respecto, tanto sobre *la lex loci*, como sobre la concreta forma de obtención de la prueba en ese supuesto.

Las obligaciones anteriores no se aplicarán si la persona a la que se trasladara la información de manera confidencial —el abogado, el religioso…— fuera sospechosa de estar implicada en la infracción penal que es objeto del proceso.

El segundo objetivo de la *Propuesta ELI* es establecer ciertos estándares para todos los Estados del «espacio de libertad, seguridad y justicia» de la Unión, en concreto sobre la obtención de pruebas electrónicas, de forma que la defensa del investigado/acusado pueda tener una mínima certeza sobre esta cuestión, al tiempo que se facilita la circulación de ese tipo de pruebas asegurándose su autenticidad e integridad, y por tanto que puedan ser admitidas en la causa que se sigue en el *forum State*, a pesar de haber sido obtenidas «extraterritorialmente».

Como venimos poniendo de manifiesto a lo largo de este trabajo, hoy en día la obtención transfronteriza de información electrónica juega un papel cada vez más importante en la investigación y enjuiciamiento de las causas penales. Por lo tanto, no es suficiente disponer de una protección de garantías procesales en el ámbito estrictamente nacional, pues la información electrónica podrá ser usada en jurisdicciones distintas de aquella en la que ha tenido lugar la comunicación o la generación de la información electrónica.

Las reglas que se formulan en la *Propuesta ELI* en relación con esta cuestión del necesario aseguramiento de la autenticidad y la integridad de las pruebas electrónicas se han construido sobre la base de estándares y protocolos forenses aceptados internacionalmente[14], y asegurando también la vigencia del principio de proporcionalidad.

Además, la necesidad de establecer una regulación mínimamente precisa sobre la forma de obtener la información electrónica es evidente, pues las legislaciones nacionales no prevén casi nada al respecto[15] y, en consecuencia, es claro el riesgo de estar infringiendo el requisito que impone el TEDH en relación con la «suficiente previsión normativa» de cualquier medida de investigación que afecte los derechos fundamentales.

14. *Vid.* más ampliamente las referencias que al respecto se contienen en el ya citado compendio dirigido por CAIANIELLO y CAMON: *Digital Forensic Evidence…*, *op. cit.*, *passim.*

15. De otro lado, la inexistencia de normas precisas sobre la materia en la gran mayoría de los sistemas procesales penales nacionales ofrece una buena oportunidad para legislar sobre la materia de manera uniforme para todos los Estados miembros, sin tener que reemplazar o derogar normas ya existentes sobre la materia, que incluso pudieran estar fuertemente consolidadas. Así lo explica la *Propuesta ELI* en su p. 17.

En definitiva, podemos convenir que un elevado grado de uniformidad en el procedimiento de obtención de pruebas electrónicas contribuiría a promover la confianza mutua y facilitaría la eventual transmisión de las mismas, al tiempo que se vería reforzada la protección de los derechos de la defensa y, no nos olvidemos, también los de las víctimas de hechos delictivos.

El art. 7 de la *Propuesta ELI* indica lo siguiente, expuesto ahora resumidamente, en relación con la admisibilidad de pruebas electrónicas:

Los Estados miembros dispondrán que dichas pruebas solo se podrán utilizar en procesos penales si se garantiza que efectivamente se encuentran en el mismo estado en que se obtuvieron y que están completas en el momento de su utilización, y que han sido suficientemente protegidas contra la falsificación y manipulación en el período comprendido entre su obtención y su utilización. Tal protección suficiente requerirá que todo acceso a esas pruebas electrónicas quede debidamente registrado y que el soporte técnico de almacenamiento esté suficientemente protegido contra interferencias externas.

Evidentemente, esto conlleva obligaciones para los PSI y también para las autoridades que reciban y transmitan las pruebas electrónicas en los respectivos Estados miembros: deberán elaborar, mantener actualizados y observar rigurosamente los protocolos de conservación, transmisión y ulterior utilización de esas pruebas.

Todas estas son cuestiones esenciales; ya sabemos que una fuente de prueba puede invalidarse si no es posible garantizar suficientemente su integridad, autenticidad y cadena de custodia.

Además, deberán también asegurar los Estados miembros que las pruebas electrónicas solo se utilizarán en causas penales si hay en efecto hay garantías suficientes de que no han sido manipuladas o falsificadas antes de que se haya procedido a su entrega.

El acusado tiene derecho a acceder a la totalidad de las pruebas y al informe que elaboren expertos informáticos cualificados, a impugnar todo lo relativo a la cadena de custodia, los resultados de los análisis practicados, y las conclusiones del dictamen pericial.

Se propone también que los Estados miembros consideren la posibilidad de conceder a la defensa el derecho a solicitar el uso de tecnología de aprendizaje automático —*machine learning*— o de codificación predictiva, cuando la revisión completa o la búsqueda de documentos por palabras clave no fueran adecuadas para una precisa evaluación de las pruebas.

Destacaremos a continuación algunos extremos de interés en relación con estándares forenses a emplear en materia de prueba, a los que se hace referencia en el art. 8 de la *Propuesta ELI*:

En primer lugar, los Estados miembros dispondrán de normas detalladas sobre la obtención de los datos electrónicos, los métodos de aseguramiento y acerca de las formas de investigación de los dispositivos electrónicos que los almacenan.

A fin de preservar la integridad de los datos, el proceso de creación de una copia idéntica del contenido de un dispositivo electrónico deberá realizarse, preferiblemente, en presencia del acusado o del usuario del dispositivo, con su consentimiento, o bien en presencia de una «parte independiente» o persona que ésta designe. También deberán adoptar los Estados reglas que aseguren la cadena de custodia de la información electrónica obtenida.

Todos los pasos que se lleven a cabo en relación con la investigación y obtención de pruebas deberán quedar registrados y debidamente documentados, siguiendo estándares internacionales, en el llamado «documento de gestión» —*management document*—, que se adjunta como Anexo a la *Propuesta ELI*. Además, los Estados miembros garantizarán que las investigaciones sobre datos electrónicos se realizan en laboratorios forenses que cumplan con estándares internacionales en la materia —v.gr.: Directrices globales de Interpol para laboratorios forenses digitales—.

Se contiene también en este art. 8 una referencia a la proporcionalidad de las investigaciones electrónicas; esto es, se deberá garantizar que no se incautan datos no relacionados con la investigación en curso, o innecesarios.

La transferencia transfronteriza de las pruebas electrónicas entre los Estados miembros se deberá realizar a través de un canal seguro: E-DES «*Electronic Digital Exchange System*», salvo que circunstancias excepcionales lo impidan o que se prefieran otros sistemas igualmente fiables. Añade también el precepto propuesto lo siguiente: si la transferencia de información se realiza a través del sistema E-DES, la carga de probar cualquier tipo de manipulación de los datos electrónicos transferidos recaerá sobre la defensa del investigado/acusado.

El apartado 8º se refiere al borrado de los datos conservados: éstos serán eliminados de ordenadores y dispositivos usados por los investigadores, por orden judicial, una vez que el procedimiento concluya por sentencia firme.

Finalmente, el apartado 9º del precepto que nos ocupa dispone que, si durante el registro y posible incautación de datos electrónicos se afectaran derechos de terceros ajenos a la investigación, por regla general se les comunicará tal injerencia, salvo que esto supusiera un esfuerzo desproporcionado, o pudiera perjudicar ulteriores investigaciones.

El artículo 9 de la *Propuesta ELI* se dedica al «acceso al almacenamiento electrónico *"Electronic Storage"*». Los Estados miembros asegurarán que en los procesos penales no se recurra a la coacción física contra una persona a fin de poder acceder a los soportes que contienen pruebas electrónicas, a menos que se haga de forma proporcionada y con fundamento en una resolución judicial. Las pruebas electrónicas que se obtuvieran con vulneración de lo antedicho, no podrán usarse en procesos penales.

El último Capítulo de esta *Propuesta*, el cuarto, aborda la cuestión de los «recursos efectivos» *—Efective Remedies—*, en los siguientes términos:

El art. 10 dispone que los Estados miembros habrán de garantizar que el sospechoso o acusado dispone de un recurso legal efectivo frente al uso de pruebas que pueda ser contrario a lo previsto en esta Directiva. Además, garantizarán también el asesoramiento jurídico del sospechoso o acusado conforme a la *lex loci*, y se anima a los Estados a que proporcionen y faciliten el acceso a un abogado en el Estado de obtención de las pruebas, de forma que se asegure que las pruebas fueron obtenidas conforme a la *lex loci*.

El art. 11 contiene la propuesta en materia de «consecuencias de la inadmisibilidad de la prueba», e indica lo siguiente:

Para que un recurso sea efectivo en el sentido del art. 10, se le deben poder garantizar al sospechoso o acusado los siguientes extremos: que cualquier prueba inadmisible se elimine del expediente *—investigation file—* y que no se vaya a utilizar como prueba en otros procesos penales; además, que la resolución judicial basada incluso parcialmente en cualquier prueba inadmisible, pueda ser impugnada, a menos que en el caso concreto se pueda efectivamente garantizar por otros medios que el proceso penal, valorado en su conjunto, cumplió con los requisitos del juicio justo *—fairness of the trial—*.

Para finalizar este apartado relativo a la valoración de la prueba electrónica obtenida en otro Estado miembro, resulta oportuno traer a colación un par de pronunciamientos recientes de la Gran Sala del TJUE sobre la materia.

Por un lado, la ya referida STJUE, dictada en el asunto C-140/20, *Commissioner of the Garda Síochána* y otros, de 5 de abril de 2022, en la que se recordó que, conforme al principio de autonomía procesal de los Estados miembros, la admisibilidad de las pruebas obtenidas mediante la conservación de datos electrónicos se rige por el Derecho nacional, sin perjuicio de los derechos de equivalencia y efectividad.

De otro lado, si bien el sistema de obtención de pruebas por la Fiscalía europea[16] tiene sus especificidades, es interesante conocer el pronunciamiento contenido en la STJUE, de 21 de diciembre de 2023, asunto C-281/2022[17], *G.K. y otros*, en particular los siguientes extremos: los elementos relativos a la adopción y motivación de una medida de investigación se rigen por el Derecho del Estado miembro del Fiscal europeo delegado encargado del asunto, que serán objeto de un control jurisdiccional previo en el Estado miembro del Fiscal europeo delegado encargado en los supuestos de injerencia grave en los derechos de los afectados, mientras que la ejecución de esa medida se regirá por el Derecho el Estado miembro del Fiscal asistente. Añade el Tribunal de Justicia que, a los efectos de la cooperación entre los Fiscales europeos delegados en las investigaciones transnacionales de la Fiscalía europea, es importante que se distingan y se delimiten correctamente las respectivas responsabilidades.

Por lo demás, los ordenamientos nacionales tienen que garantizar que efectivamente existe ese control jurisdiccional previo sobre la motivación y requisitos de adopción de una medida de investigación que lo requiere, a fin de garantizar la legalidad y necesidad de estas medidas.

---

16. *Vid.* en particular arts. 30 y ss. del Reglamento (UE) 2017/1939, de 12 de octubre, por el que se establece una cooperación reforzada para la creación de la Fiscalía Europea. Puede consultarse también el compendio dirigido por GUERRERO PALOMARES, S.: *Tratado sobre la Fiscalía Europea y el procedimiento penal especial de la L.O. 9/2021, de 1 de julio*, Aranzadi, Cizur Menor, 2023, y en particular el capítulo que allí firma RODRÍGUEZ-MEDEL, C.: «Investigaciones transfronterizas de la Fiscalía Europea», pp. 533 y ss.
17. Ha sido el primer pronunciamiento del TJUE sobre la Fiscalía europea. https://curia.europa.eu/juris/liste.jsf?language=en&td=ALL&num=C-281/22

XIV

Procedimiento de transmisión de los datos a través del sistema informático descentralizado

En términos generales, la digitalización de la cooperación judicial transfronteriza es un aspecto práctico esencial para que hoy en día pueda funcionar de manera razonablemente rápida y segura cualquier modelo normativo que se pretenda implantar[1].

Según acabamos de destacar en el epígrafe precedente, un elemento esencial para que este modelo de cooperación entre distintos operadores —judiciales, policiales y del sector privado—, radicados en distintos Estados, pueda funcionar de manera segura, rápida y ciertamente eficaz, es contar con canales de transmisión de la información electrónica que también lo sean.

A tal fin, en los arts. 19 y ss. del Reglamento 2023/1543, el legislador UE ha previsto la implantación de un «sistema informático descentralizado» para la comunicación escrita entre las autoridades competentes y los PSI, incluido el intercambio de los formularios, la transmisión de los distintos datos electrónicos objeto de la solicitud, así como de otra información asociada a la cooperación, sistema este que deberá reunir las siguientes características: ha de ser rápido, directo, interoperable, sostenible, fiable y seguro.

Su uso por las autoridades competentes y por los prestadores de servicios será obligatorio para las comunicaciones escritas que se realicen en aplicación del Reglamento, según puede leerse en el art. 34 apdo. 2º, «*a partir de un año después de la adopción de los actos de ejecución a que se refiere el*

1. *Vid.* más ampliamente HERNÁNDEZ LÓPEZ, A.: «La digitalización de la cooperación judicial en materia penal en la Unión Europea: propuestas y perspectivas legislativas», en *El proceso penal ante una nueva realidad tecnológica europea*, ARANGÜENA, C., DE HOYOS, M. y PILLADO, E. (Dirs.), Cizur Menor, Aranzadi, 2023, pp. 281 y ss. Accesible en abierto en: https://dialnet.unirioja.es/servlet/autor?codigo=4183340

artículo 25»; es decir, después de un año a contar desde el momento en que la Comisión haya puesto en marcha las medidas necesarias para el efectivo establecimiento y utilización del sistema informático descentralizado.

Todos los establecimientos designados por los PSI y/o los representantes de éstos a los efectos del Reglamento 2023/1543, tendrán que disponer de los medios electrónicos de acceso a los sistemas informáticos nacionales, los cuales a su vez formarán parte de ese «sistema informático descentralizado», que gestionarán los respectivos Estados miembros.

Así pues, el sistema informático descentralizado estará compuesto por los sistemas informáticos de los Estados miembros y los organismos de la Unión, y también por los puntos de acceso interoperables a través de los cuales podrán estar interconectados tales sistemas informáticos.

Los puntos de acceso al sistema informático descentralizado deben basarse en el sistema e-CODEX que ya se estableció por el Reglamento (UE) 2022/850[2].

La regla general —*vid.* Considerando 85° y art. 19, apdos. 1° a 4° del Reglamento 2023/1543— es que toda comunicación escrita entre autoridades competentes, o entre éstas y los PSI, se lleve a cabo a través del «sistema electrónico descentralizado», donde quedarán registrados todos los intercambios de datos. Solo se usarán otros medios alternativos adecuados —art. 19, apdo. 5°—, igual de rápidos, fiables y seguros, si lo anterior no fuera posible; por ejemplo, si se exigieran requisitos forenses específicos para la admisibilidad de esos datos como prueba, si el volumen de datos a remitir/recibir fuera demasiado grande, o cuando en un caso urgente fuera preciso dirigirse a un PSI no conectado al sistema. También estos últimos intercambios deberán quedar finalmente registrados en el sistema general, sin demora indebida, indica el apdo. 6° de este mismo art. 19.

La autenticación de los usuarios que accedan al sistema se realizará conforme a lo establecido en el Reglamento (UE) 910/2014, relativo a la identificación electrónica y los servicios de confianza para las transacciones electrónicas en el mercado interior.

---

2. Establece un sistema informatizado para el intercambio electrónico transfronterizo de datos en el ámbito de la cooperación judicial en materia civil y penal. *Vid.* más ampliamente la información contenida en la propia página web de E-Codex: https://www.e-codex.eu

De otro lado, a fin de que este sistema no suponga un coste muy elevado para los PSI, en particular si son pequeñas o medianas empresas, —*vid.* Considerando 88º— está previsto que la Comisión ponga a disposición de éstos proveedores, de forma gratuita, una interfaz web —art. 22: «programa informático de aplicación de referencia»—, que permitirá a esos PSI comunicarse de forma segura con las autoridades sin tener que implantar su propia infraestructura específica para acceder al «sistema informático descentralizado».

Por su parte, también los Estados deberán poder utilizar el «programa informático de aplicación de referencia», en vez de un sistema informático nacional específico. Aquel deberá permitir a los Estados reutilizar o mejorar su propia infraestructura nacional de comunicación judicial para fines de uso transfronterizo.

La Comisión europea será responsable de crear y desarrollar el citado «programa», siempre cumpliendo con los requisitos de protección de datos exigidos por la normativa UE y con un nivel elevado de ciberseguridad e interoperabilidad.

En todo caso, el art. 24 se refiere a un «período transitorio»: hasta que esté plenamente implantado el «sistema informático descentralizado», las comunicaciones escritas entre autoridades y PSI se realizarán *«por los medios alternativos más adecuados»*, siempre que se garantice la rapidez, seguridad y fiabilidad del sistema. Se podrán establecer plataformas especializadas u otros canales seguros para tramitar las solicitudes de datos.

Si nos fijamos en lo dispuesto en el art. 34 del Reglamento 2023/1543, relativo a la entrada en vigor y aplicación del mismo, aunque según se ha indicado éste será aplicable a partir del 18 de agosto de 2026, la obligación de las autoridades competentes y de los PSI de utilizar el «sistema informático descentralizado» establecido en el art. 19, solo operará a partir de un año después de que la Comisión adopte los actos de ejecución necesarios para el establecimiento y utilización del «sistema informático descentralizado», a los que se hace referencia en el art. 25 de la misma norma.

Por lo tanto, tardaremos todavía bastantes años, demasiados para un aspecto tan relevante del funcionamiento del nuevo sistema de cooperación, en poder ver funcionando esta forma descentralizada de comunicación segura.

De otro lado, y como es lógico a estas alturas de desarrollo tecnológico aplicado al ámbito forense, por el hecho de encontrarse en formato electrónico no se podrán denegar efectos jurídicos a los documentos transmitidos a través de este sistema, ni se considerarán inadmisibles en el contexto de los procesos penales transfronterizos por hallarse en tal soporte, según dispone el art. 20 del Reglamento.

Los documentos que se transmitan a través del «Sistema informático descentralizado», llevarán el correspondiente «sello electrónico cualificado» o «firma electrónica cualificada», tal y como se dispone en el Reglamento (UE) 910/2014, relativo a la identificación electrónica y los servicios de confianza para las transacciones electrónicas.

Ambos extremos referidos, sistema de intercomunicación eficaz e identificación segura de los interlocutores, resultan ser extraordinariamente importantes en la práctica. Así se ha puesto de relieve reiteradamente por los operadores jurídicos implicados. Por ejemplo, en el ya citado Informe SIRIUS 2023[3], donde se destaca la preocupación de los PSI por la correcta autenticación de las solicitudes entrantes y la necesaria asignación de recursos para la comunicación segura con las autoridades solicitantes.

Hasta la fecha los PSI vienen contrastando las solicitudes de información electrónica que reciben por *email* con una lista de correos electrónicos previamente validada por las autoridades UE, y que les facilitó el propio Proyecto SIRIUS, además de aplicar otros controles para asegurarse de que la petición que reciben fue emitida por una autoridad competente. En ocasiones los equipos de respuesta de los PSI confirman la autenticidad de las solicitudes que reciben llamando a las agencias policiales remitentes de la petición, o a los respectivos «*Single Points of Contact*» —SPoC[4]—, puntos de contacto de las autoridades de investigación, centralizados a estos efectos.

---

3. *5th. Annual Sirius EU Electronic Evidence Situation Report*, publicado en noviembre 2023, esp. pp. 8, 9 y 64.
4. Son personas o unidades designadas dentro de las autoridades competentes en cada país, cuya función en este marco es canalizar y agilizar las solicitudes de divulgación de datos transfronterizos en los numerosos supuestos de cooperación voluntaria directa con PSI establecidos en el extranjero que se desarrollan en la práctica diaria de las investigaciones transfronterizas. Según el *Informe SIRIUS 2023*, los PSI informan de que, cuando las autoridades/agencias nacionales tienen designado un *Single Point of Contact*, la cooperación es mucho más eficaz y segura que cuando no los tienen, pues son un filtro importante en la tramitación de las solicitudes, ya que conocen bien cómo cursarlas para que puedan ser respondidas con precisión, ayudan a identificar rápidamente posibles problemas y a arbitrar soluciones, tienen excelente nivel de inglés, así como formación técnica específica, entre otras ventajas. *Vid.* más ampliamente *Informe SIRIUS 2023*, esp. p. 74

Es por esto que desde hace mucho tiempo, destacadamente por parte de las empresas proveedoras de servicios de comunicación y de almacenamiento de datos, se viene solicitando la creación de portales *on line* seguros, dedicados específicamente a tramitar estas peticiones, que faciliten la solicitud y entrega de los datos, la autenticación segura, y para que en general resulte más eficiente todo el procedimiento de cooperación.

Lamentablemente debemos concluir, a la vista de los tiempos que se manejan en los citados preceptos del Reglamento que nos ocupa, que tardaremos aún bastantes años en tener un sistema específico de comunicación y autenticación segura de órdenes de entrega y conservación de información electrónica a efectos penales. Sin duda esta circunstancia le restará eficacia al sistema que se implantará con el «paquete *e-evidence*».

XV

La Directiva 2023/1544 por la que se establecen normas armonizadas para la designación de establecimientos y representantes legales a efectos de recabar pruebas electrónicas en procesos penales

La Directiva (UE) 2023/1544, de 12 de julio, *por la que se establecen normas armonizadas para la designación de establecimientos designados y de representantes legales a efectos de recabar pruebas electrónicas en procesos penales*, es el complemento indispensable para la efectividad del Reglamento (UE) 2023/1543; de hecho, ambos instrumentos fueron aprobados y publicados simultáneamente, y el propio conjunto normativo se conoce ya como «*paquete e-evidence*».

Según indicamos, el Reglamento será aplicable a partir del 18 de agosto de 2026, y la correlativa Directiva establece por su parte —*vid.* art. 7— que los Estados miembros «*pondrán en vigor a más tardar el 18 de febrero de 2026 las disposiciones legales reglamentarias y administrativas necesarias para dar cumplimiento a lo establecido en la presente Directiva*», y deberán comunicar de forma inmediata a la Comisión el texto de las disposiciones aprobadas al efecto.

Es decir, queda claro que es prioritario asegurar con suficiente antelación que todos los PSI que ofrecen servicios en la Unión tienen establecimientos designados o representantes legales a estos efectos de cooperación con las respectivas autoridades nacionales. Se prevé todavía un margen adicional de seis meses para que el sistema de designación quede perfectamente implantado[1] y se pueda empezar a aplicar todo el «paquete *e-evidence*» en tiempo

1. *Vid.* el Considerando 7º: «Los Estados miembros deben velar por que los prestadores de servicios que ofrezcan servicios en la Unión a 18 de febrero de 2026 tengan la obligación de designar al menos un establecimiento designado o un representante

y forma. Recordemos que el Reglamento es una norma de aplicación *directa* en todos los Estados miembros[2], y lo será efectivamente a partir del 18 de agosto de 2026.

La necesidad de aprobar esta Directiva viene dada precisamente porque los servicios que se prestan a través de la *web* no requieren infraestructura, ni instalaciones, ni siquiera personal de la empresa en el lugar en que se ofrece el servicio en cuestión; pueden prestarse desde cualquier lugar, también desde fuera de la UE —desde fuera del «mercado interior», precisa el Considerando 1º de la Directiva—.

Por lo tanto, sería ciertamente complicado que las obligaciones que el Reglamento 2023/1543 impone a los PSI se pudieran exigir eficazmente si éstos no estuvieran obligados a tener establecimientos o representantes legales para recibir, cumplir y ejecutar las órdenes emitidas por las autoridades competentes de los distintos Estados miembros.

Conviene llamar la atención sobre el hecho de que algunos Estados miembros han adoptado ya, o están estudiando adoptar, normativa *nacional* que obliga a los PSI a tener esa representación en los Estados en que prestan servicios, con eventuales sanciones en caso de incumplimiento. Sin embargo, téngase en cuenta que cuando esas medidas son adoptadas a título individual por cada uno de los Estados, conllevan *de facto* obstáculos a la libre prestación de servicios en el mercado interior, por lo que es claramente preferible una acción normativa «*a escala de la Unión*», que obligue por igual a todos los PSI que ofrecen sus servicios en cualquier Estado/s de la Unión.

Si no se subsanan esas diferencias de regulación, también acabará creándose un problema para el buen funcionamiento del «espacio de libertad, seguridad y justicia» de la UE[3].

Es preciso por tanto evitar enfoques nacionales divergentes en esta materia, como con acierto concluye el Considerando 5º de esta Directiva. Sin embargo, una vez más, ya vamos con retraso, pues tales diferencias ya se han producido: al menos Bélgica y Alemania tomaron medidas hace algunos años, de manera unilateral, y aprobaron las respectivas normas nacionales

legal *a más tardar el 18 de agosto de 2026*». Si comienzan a prestar sus servicios después de esa fecha, los PSI tienen un margen de seis meses para designar establecimiento o representante, a contar desde el momento en que empiecen a prestar sus servicios. Además, podrá compartirse entre varios prestadores de servicios, en particular si son pequeñas o medianas empresas, puede leerse en este Considerando 7º.

2. Salvo en Dinamarca.
3. *Vid.* los Considerandos 1º y 2º de esta Directiva.

que obligan a los PSI que prestan servicios en estos países a transferir datos, también los almacenados en el extranjero, a las respectivas autoridades belgas o alemanas encargadas de la investigación y enjuiciamiento de hechos delictivos[4].

De otro lado importa destacar también que estos establecimientos y representantes de los PSI no solo servirán para cumplir con los EPOC o EPOC-PR, sino que también podrán recibir *Órdenes Europeas de Investigación*, u otras solicitudes de cooperación en aplicación del Convenio sobre asistencia judicial en materia penal entre los Estados miembros UE —*Convenio 2000*—. Es más, se entiende que las autoridades nacionales de los respectivos Estados miembros donde esté implantado el establecimiento o donde resida el representante del PSI, también deberán poder dirigir sus órdenes y resoluciones para recabar pruebas electrónicas a esos establecimientos o representantes designados por los PSI que estén en su territorio, en aplicación de su propia legislación nacional y «para situaciones puramente internas». Así se recoge en el art. 1, apdo. 2º de la Directiva, y se explica en los Considerandos 5º, 6º y 9º de la misma.

La norma en cuestión presta particular atención a la determinación de lo que ha de entenderse por «*ofrecer servicios en la Unión*», aspecto este que se aborda en el art. 2 de la Directiva.

Un PSI estará obligado por esta Directiva si permite a las personas físicas o jurídicas que se encuentran en uno o más Estados de la Unión utilizar sus servicios, ya sean de comunicaciones electrónicas, registro de nombres de dominio de internet y direcciones IP[5] o almacenamiento de datos[6], aunque

4. Así lo ha puesto de relieve BURCHARD, Ch: «Der grenzüberschreitende Zugriff auf Clouddaten...», *op. cit.*, p. 191, con referencia a la jurisprudencia belga y alemana que ya ha aplicado estas respectivas normas nacionales obligando a los PSI a tener representación en Bélgica y Alemania.
5. Cuestión que reviste especial importancia a los efectos de identificar a quien pueda estar detrás de web maliciosas o de las que se emplean para cometer delitos. Los PSI disponen de datos que podrían permitir identificar a las personas físicas o jurídicas responsables de un sitio web que se emplea para delinquir, o bien, de otro lado, también podrían ayudar a identificar víctimas de hechos delictivos.
6. Se especifica en el Considerando 14º que las categorías de PSI a los que se aplica esta Directiva han de incluir, por ejemplo, «mercados en línea» que proporcionan a consumidores y empresas la posibilidad de comunicarse entre sí, o servicios de alojamiento de datos –computación en la nube–, e incluso plataformas de juegos y apuestas en línea. Si por el contrario el servicio que presta el PSI no permite a los usuarios comunicarse entre sí, sino solo con el PSI, o no permite almacenar datos, o tal almacenamiento de datos no es parte esencial del servicio prestado a los usuarios, no entra dentro del

la mera accesibilidad a una interfaz en la UE —como puede ser a una página web, o a una dirección de correo electrónico—, tomada aisladamente, se considere insuficiente para concluir que un PSI ofrece sus servicios en la Unión y que por tanto se encuentra obligado por esta Directiva[7].

Ahora bien, si el PSI permite a personas que están en la UE utilizar sus servicios y además existe una «*conexión sustancial con la Unión*» —*vid.* art. 2, apdo. 3º, b)—, no cabe duda de que estará sometido a esta Directiva. Se entenderá que existe tal «conexión» cuando el PSI tenga establecimiento en la Unión o si, a falta de éste, concurren circunstancias de hecho específicas, como son un significativo número de usuarios en uno más Estados UE y/u *orientación de actividades hacia uno o más Estados UE*. Para la determinación de este último extremo se tendrán en cuenta aspectos como, *v.gr.*[8]: la lengua o la moneda utilizada generalmente en los pagos por los productos o servicios, la posibilidad de contratarlos desde ese Estado, la disponibilidad de una aplicación para móvil en la tienda de aplicaciones nacional correspondiente, difusión de publicidad en el país o en la lengua habitual de ese Estado, o la prestación de servicios a clientes en esa lengua.

Los establecimientos designados[9] y los representantes legales[10] del PSI a los efectos de esta Directiva han de reunir una serie de condiciones y requisitos, que se especifican en el art. 3.

Son los respectivos Estados miembros los que tienen que velar por que los PSI que ofrecen sus servicios en la Unión designen al menos un destinatario —establecimiento o representante— para la recepción, el cumplimiento y la ejecución de las resoluciones y órdenes que reciban en aplicación del Reglamento 2023/1543.

---

concepto de «prestador de servicios» a los efectos de esta Directiva, como sucede con la prestación de servicios jurídicos, de arquitectura, de ingeniería o de contabilidad, que se prestan en línea y a distancia, aunque esos servicios se consideren «servicios de la sociedad de la información» en el sentido de la Directiva (UE) 2015/1535.

7. Así se explica en el Considerando 10º.
8. Aspectos que se enuncian en el Considerando 11º.
9. Según el art. 2, apdo. 3º, 5), se entiende por «*establecimiento designado: un establecimiento con personalidad jurídica designado por escrito por un prestador de servicios establecido en un Estado miembro que participe en un instrumento jurídico contemplado en el artículo 1, apartado 2, a los efectos contemplados en el artículo 1, apartado 1, y en el artículo 3, apartado 1*».
10. El art. 2, apdo. 3º, 6), indica que es «*representante legal: una persona física o jurídica designada por escrito por un prestador de servicios no establecido en un Estado miembro que participe en un instrumento jurídico contemplado en el artículo 1, apartado 2, a los efectos contemplados en el artículo 1, apartado 1, y en el artículo 3, apartado 1*».

Si los PSI están establecidos en la Unión con personalidad jurídica, los concretos Estados miembros en que estén establecidos deberán velar por que designen el establecimiento o establecimientos responsables del cumplimiento y ejecución de las citadas resoluciones y órdenes.

Si los PSI no están establecidos en la Unión, y tienen personalidad jurídica, los Estados miembros deberán velar por que aquellos que ofrezcan sus servicios en su territorio designen representante/s legales a los efectos antedichos.

Si los PSI están establecidos en la Unión, pero lo están en algún Estado miembro que no participa de estos instrumentos de cooperación transfronteriza —v.gr.: Dinamarca—, los Estados miembros en cuestión deberán velar igualmente por la designación de representante/s de los PSI, para que éstos cumplan sus funciones en relación con los Estados miembros que sí participan en los instrumentos de obtención transfronteriza de pruebas electrónicas[11].

Deducimos del tenor del art. 3, apdo. 2º de esta Directiva que el establecimiento o el representante legal, según corresponda, ha de estar establecido o residir al menos en un Estado miembro de aquellos en los que el PSI ofrezca sus servicios, y el PSI debe poder tener la libertad de elegir en qué Estado miembro designa a su establecimiento o a su representante legal a estos efectos. Los Estados no pueden limitar esta libertad de elección del PSI imponiendo, por ejemplo, que ese establecimiento o representante esté precisamente en su territorio[12].

---

11. Se explica en el Considerando 12º que, teniendo en cuenta la «*geometría variable*» que encontramos en el «espacio de libertad, seguridad y justicia» de la Unión en materia de cooperación entre los Estados miembros para recabar pruebas en procesos penales, esta Directiva no ha de facilitar o propiciar el surgimiento de nuevas disparidades u obstáculos a la prestación de servicios en el mercado interior y a la cooperación transfronteriza, que se crearían si los PSI que ofrecen servicios en la Unión designaran establecimientos o representantes en Estados miembros que no participan en los instrumentos jurídicos de cooperación en cuestión. En consecuencia, debe designarse al menos un establecimiento o un representante legal en un Estado miembro que sí participe en estos instrumentos. Además, según se ha indicado, tal establecimiento o representante también puede servir para garantizar el cumplimiento de obligaciones jurídicas nacionales, pues ese Estado miembro contaría con un punto de acceso claro para dirigirse a los prestadores de servicios a efectos de recabar pruebas en los procesos penales.
12. *Vid.* Considerando 13º.

Además, y esto es extraordinariamente relevante a los efectos de lograr la eficacia del «paquete *e-evidence*», los Estados miembros deberán velar por que esos destinatarios de resoluciones y órdenes sobre pruebas transfronterizas «*puedan ser objeto de procedimientos de ejecución*», indica el art. 3, apdo. 2º, b). En otro caso, las sanciones aplicables a los PSI por incumplimiento de sus obligaciones, previstas tanto en el Reglamento —art. 15— como en la propia Directiva —art. 5—, serían difícilmente ejecutables, por lo que perderían su eficacia disuasoria.

Los Estados miembros han de velar además por que, tanto el establecimiento designado o el representante legal, como el propio PSI, «*puedan ser considerados responsables solidariamente del incumplimiento de las obligaciones derivadas del marco jurídico aplicable cuando reciban las resoluciones y órdenes (...)*»; así pues, cada uno de ellos podrá ser sancionado administrativamente por el incumplimiento de sus obligaciones, por cualquiera de ellos —*vid.* art. 3, apdo. 5º—.

También se exige a los Estados miembros que se aseguren de que los PSI establecidos en su territorio, o que presten sus servicios en él, dotan a sus establecimientos y representantes de las competencias y recursos materiales necesarios para cumplir las resoluciones y órdenes que nos ocupan, para cooperar con las autoridades competentes en los términos previstos en las normas aplicables, art. 3, apdo. 4º. Además, la falta o deficiencia de esas competencias o recursos no puede servir para justificar el incumplimiento de las resoluciones u órdenes recibidas en aplicación de esta Directiva, concluye el Considerando 16º de la misma.

Se encomienda igualmente a los Estados miembros la tarea de velar por que cada PSI establecido en su territorio o que ofrezca servicios en él «*notifique por escrito a la autoridad central*» del Estado miembro en que tenga su establecimiento, o donde resida el representante legal, los «*datos de contacto*» de éstos[13], y cualquier cambio que se pudiera producir en los mismos —art. 4. apdo. 1º—. También indicarán la/s lengua/s oficiales de la Unión que aceptarán en sus comunicaciones.

Estimamos que será también de gran utilidad la creación y mantenimiento actualizado de una página web específica de la Red Judicial Europea en materia penal, la cual contendrá toda la información que los PSI vayan notificando a las respectivas autoridades centrales de los Estados miembros

13. Si un PSI designara varios establecimientos o representantes, los Estados miembros velarán por que el PSI especifique el específico ámbito territorial de cada uno de ellos, indica el apdo. 3º del art. 4.

en relación con los datos de contacto y lenguas que se podrán emplear en las solicitudes y respuestas. Serán precisamente los Estados quienes estén obligados a crear y mantener esa página web, cuya información, según dispone el apdo. 4º del art. 4, *«podrá difundirse para facilitar el acceso de las autoridades competentes»*.

La cuestión relativa al régimen de sanciones aplicables cuando se produzcan infracciones de lo previsto en los referidos arts. 3 y 4 de la Directiva —designación de establecimientos o representantes y notificaciones a las autoridades centrales— se aborda en el art. 5 y, en virtud de este precepto, se obliga a los Estados miembros a que establezcan ese régimen sancionador y a que garanticen suficientemente la ejecución de las sanciones que se pudieran imponer. Estas, igual que se indica en el correlativo precepto del Reglamento —art. 15—, serán *«efectivas, proporcionadas y disuasorias»*[14], y los Estados miembros deberán comunicárselas a la Comisión a más tardar el 18 de febrero de 2026. Posteriormente, informarán también a la Comisión con una periodicidad anual sobre los PSI que incurran en incumplimiento, las sanciones impuestas y medidas de ejecución adoptadas al respecto.

La figura de las «Autoridades Centrales» cobra particular relevancia en este instrumento[15] y se les encomienda la tarea de ayudar a la coordinación entre los Estados miembros para una satisfactoria aplicación de la Directiva. Ya hemos visto que los PSI deberán proporcionar los datos de contacto del establecimiento/s o del representante/s precisamente a las Autoridades Centrales de aquellos Estados en que estén establecidos o representados.

14. En ningún caso las sanciones deben dar lugar a una prohibición, permanente o temporal, de la prestación de servicios. Además, a la hora de determinar el montante de las sanciones aplicables a las infracciones en que incurran los PSI, las autoridades competentes deben tener en cuenta todas las circunstancias pertinentes, entre las que se encuentra la capacidad financiera del PSI, la naturaleza, gravedad y duración de la infracción, si hubo intencionalidad o negligencia, y si el PSI es reincidente en este tipo de infracciones. En esta materia de sanciones ha de prestarse particular atención a las microempresas proveedoras de servicios, destaca el Considerando 19º.

15. También en el sistema de la Orden Europea de Investigación se les encomiendan tareas de asistencia a las autoridades competentes en la cooperación; incluso los Estados miembros podrían asignar a sus respectivas Autoridades Centrales las funciones administrativas de transmisión y recepción de la OEI, así como de la correspondencia oficial vinculada a ésta. Está previsto además en la Directiva OEI que puedan ayudar a resolver cualquier dificultad que surgiera en relación con la transmisión o autenticidad de algún documento necesario para la ejecución de la OEI. *Vid.* art. 7 Directiva OEI, especialmente las previsiones contenidas en los apartados 3º y 7º.

Indica el art. 7 de la Directiva que son los propios Estados miembros quienes designarán sus propias Autoridades Centrales, una o varias, de forma que se pueda garantizar la correcta aplicación de esta norma. Comunicarán tal designación a la Comisión, y esta última enviará a todos los Estados miembros un listado de todas las Autoridades Centrales, que también se hará público.

Se destaca en el apartado 2º del mismo art. 7 la importancia de que las respectivas Autoridades Centrales actúen de forma coordinada y de que cooperen entre sí, también con la Comisión, compartiendo información y asistencia cuando sea necesario; en particular, en relación con las medidas de ejecución y sanciones que se pudieran imponer a los PSI, sus establecimientos o representantes legales.

Esta cooperación entre Autoridades Centrales también debería ayudar a evitar posibles conflictos de competencia en la investigación y enjuiciamiento de los hechos delictivos, ya sean positivos o negativos[16].

16. Así se especifica en el Considerando 21º. Sobre la materia, por todos: HERNÁNDEZ LÓPEZ, A.: *Conflicts of Criminal Jurisdiction and Transfer of Proceedings in the EU*, Springer, 2022.

XVI

El Segundo Protocolo Adicional al Convenio de Budapest sobre cibercrimen

El sistema de cooperación transfronteriza para la obtención de información electrónica almacenada por los proveedores de servicios *online* que se implantará en la Unión Europea cuando comience a estar operativo el «paquete *e-evidence*», va a coexistir en el tiempo, y en cierta medida también en el espacio, no solo con la Orden Europea de Investigación[1], sino también con el modelo de cooperación internacional instaurado en el marco del Consejo de Europa a partir del Convenio de Budapest sobre el ciberdelincuencia[2], y en particular con el que se establece en el Segundo Protocolo Adicional a este Convenio de Budapest[3] —2º PACB en lo sucesivo—.

1. Si bien entendemos que en el ámbito UE el uso de la OEI será preterido a favor del empleo del EPOC / EPOC-PR en los casos en que las autoridades competentes solo necesiten obtener información electrónica almacenada por los PSI. No tendrá generalmente mucho sentido emplear un instrumento menos adecuado y más lento –la OEI– cuando existe uno específico y que puede ser mucho más rápido eficaz. Sin embargo, se nos indica en el Considerando 96º del Reglamento 2023/1543, que esta norma no afecta a la vigencia de otros instrumentos jurídicos, acuerdos o pactos de la Unión e internacionales sobre obtención de pruebas electrónicas, por lo que las autoridades de los Estados miembros deberán elegir el instrumento más adaptado a las concretas necesidades de la investigación. Es más, en algunos casos podrían preferir emplear otros instrumentos internacionales o de la Unión si lo que necesitan solicitar es un conjunto de distintos tipos de medidas que no se limita solo a la entrega de pruebas electrónicas desde otro Estado miembro.
2. Hecho en Budapest el 23 de noviembre de 2001, y ratificado por España el 17 de septiembre de 2010; *vid*. instrumento de ratificación: https://www.boe.es/diario_boe/txt.php?id=BOE-A-2010-14221.
3. Relativo a la cooperación reforzada y la divulgación de pruebas electrónicas, hecho en Estrasburgo el 12 de mayo de 2022, STCE núm. 224. Puede consultarse en: https://rm.coe.int/1680a83724

El 2º PACB ha sido firmado hasta ahora por 43 Estados, si bien solo será aplicable cuando lo hayan ratificado al menos cinco Estados; de momento solo lo han ratificado dos: Japón y Serbia[4].

No podemos saber ahora mismo qué instrumento se empezará a aplicar antes, si el «paquete *e-evidence*» o el 2º PACB; probablemente el primero. En cualquier caso, en cuanto esté en vigor el «paquete *e-evidence*» en el ámbito UE, cualquier PSI que *preste servicios en la Unión*, deberá tener establecimiento o representación en al menos un Estado miembro; por lo tanto, entre los Estados UE será aplicable el sistema EPOC/EPOC-PR, y entendemos que de uso preferible al 2º PACB[5].

El sistema que instaura el 2º PACB, el cual presupone para su uso que el PSI está implantado en el territorio de la Parte requerida de asistencia, quedará lógicamente entonces para ser aplicado a las relaciones de cooperación entre Estados que no pertenezcan a la UE, o entre Estados UE y otros Estados que participan del 2º PACB, una vez que hayan firmado y ratificado este instrumento internacional. Según hemos indicado, hasta la fecha ha sido suscrito por un total de 43 Estados, entre los que se encuentran, además de países miembros del Consejo de Europa y de la Unión Europea[6], otros que no lo son, pero que tienen incuestionable relevancia en la materia que nos ocupa, como los Estados Unidos, Japón, Marruecos o varios países del ámbito iberoamericano. Países todos ellos con relaciones de asistencia internacional muy intensas. También se aplicará para la cooperación entre Estados UE y Estados no UE que firmen y ratifiquen el 2º PACB; *v.gr.:* entre España y Marruecos, entre España y el Reino Unido, siempre y cuando el PSI implantado en Marruecos o en el Reino Unido no preste servicios en el ámbito UE, pero almacene información electrónica que se necesita en una investigación en nuestro país.

Recordemos además en este punto que Dinamarca no participa del «paquete *e-evidence*»; por lo tanto, en caso de que firme y ratifique el 2º

4. https://www.coe.int/en/web/conventions/full-list?module=signatures-by-treaty&treatynum=224

5. De hecho, el art. 15.1.b) del 2º PACB dispone: «*Las Partes que también sean miembros de la Unión Europea podrán, en sus relaciones mutuas, aplicar el Derecho de la Unión Europea que regule las cuestiones tratadas en el presente Protocolo*».

6. Por medio de la Decisión (UE) 2022/722 del Consejo, de 5 de abril de 2022, se autorizó a los Estados miembros de la Unión Europea a firmar, en interés de la Unión, este 2º Protocolo adicional. Cuando entre en funcionamiento el Reglamento UE sobre conservación y entrega de pruebas electrónicas, con un sistema de cooperación más sencillo y rápido, es previsible que los Estados UE prefieran aplicar el Reglamento en sus recíprocas relaciones de cooperación transfronteriza en la materia.

PACB, igualmente sería aplicable en sus relaciones de cooperación con los otros Estados UE que también lo hayan ratificado.

Expondremos a continuación los principales aspectos de este 2° Protocolo adicional al Convenio sobre ciberdelincuencia, relativo a la cooperación reforzada y la revelación de pruebas electrónicas[7], que España firmó el 15 de mayo de 2022[8].

La aprobación de este instrumento se justifica, según puede leerse en su Preámbulo, en la proliferación de la cibercriminalidad[9] y en la creciente complejidad de la obtención de pruebas electrónicas, que pueden estar almacenadas en jurisdicciones extranjeras, múltiples, cambiantes o desconocidas, al tiempo que los poderes de los servicios estatales de persecución de los delitos se encuentran limitados en sus funciones por las fronteras territoriales[10].

Precisamente para salvar estas dificultades en lo posible, el referido 2° PACB establece una base jurídica internacional que vendrá a reforzar la

7. Pueden leerse algunas valoraciones sobre el instrumento en MARTÍN MARTÍN DE LA ESCALERA, A.: «Prueba digital. Marco normativo para la obtención de evidencias en la investigación de delitos cometidos a través de sistemas informáticos en la Unión Europea. Articulación y utilización de herramientas de investigación tecnológica», en *Marco normativo de la UE para la transformación digital*, Dir.: E. Velasco Núñez, La Ley, Madrid, 2023, pp. 283 y ss., esp. pp. 335 y ss.; VELASCO NÚÑEZ, E.: «El Segundo Protocolo Adicional del Convenio de Budapest contra la cibercriminalidad», y DELGADO MARTÍN, J., «Presente y futuro de la prueba digital internacional. El Segundo Protocolo Adicional del Convenio de Budapest contra la cibercriminalidad», ambos trabajos publicados en el *Diario La Ley*, de 24 de mayo de 2022. En ese mismo ejemplar del *Diario La Ley* se publicó una entrevista a D.ª ELVIRA TEJADA, Fiscal de Sala Coordinadora contra la criminalidad informática, comentando el instrumento en cuestión. *Vid.* también el artículo de la Fiscal BAHAMONDE BLANCO, quien representó a nuestro Ministerio de Justicia en las negociaciones del instrumento: «Segundo Protocolo Adicional al Convenio de Budapest: Nuevos medios para la cooperación penal y la obtención de prueba electrónica», *La Ley Penal*, núm. 157, julio-agosto 2022. Igualmente de interés, GUDÍN RODRÍGUEZ-MAGARIÑOS, A.E.: «El nuevo Protocolo del Convenio de Budapest de lucha contra la criminalidad», *Revista General de Derecho Procesal*, núm. 58, 2022, pp. 1 y ss.
8. https://www.boe.es/diario_boe/txt.php?id=BOE-A-2010-14221
9. Si bien se indica expresamente que este Protocolo es de aplicación también para la obtención «de pruebas electrónicas *de cualquier delito*», *vid.* art. 2, apdo. 1°.
10. Indica GUDÍN RODRÍGUEZ-MAGARIÑOS que, aunque no se mencione expresamente, el «*principio de ubicuidad*» es la clave de este Convenio, de tal manera que cualquier Estado en el que se manifieste la cibercriminalidad, debe dotar a sus autoridades de las facultades necesarias para el acceso a los datos que custodian las empresas, dentro o fuera de sus respectivos territorios. *Vid.* su trabajo *supra cit.*, pp. 18 y ss.

cooperación entre las autoridades de una Parte y los proveedores de servicios que se encuentren en el territorio de otra Parte, quienes podrán ser requeridos de manera directa para la entrega de información sobre el registro de nombres de dominio o datos de abonados que tengan almacenados, o bien a través de la autoridad competente del Estado requerido —comisiones rogatorias— si lo que se solicitan son datos relativos al tráfico o datos de contenido. También recoge una modalidad de cooperación inmediata todavía más amplia para supuestos de emergencia, al tiempo que se establecen garantías para los derechos fundamentales, en particular en materia de protección de datos personales.

La posibilidad de obtener directamente de los proveedores de servicios información sobre los datos relativos a los abonados ya se encontraba en el art. 18 del propio Convenio de Budapest de 2001[11] —«*Orden de presentación*»—, pero se excluía expresamente que estos proveedores proporcionaran directamente datos sobre el tráfico o sobre el contenido[12].

11. *Vid.* las valoraciones sobre lo que ha supuesto la vigencia del instrumento en estos años, y en particular la creación de la Red 24/7, en BUJOSA VADELL, L.: «Cooperación judicial para la obtención...», *op. cit.*, pp. 74 y ss.

12. *Artículo 18. Orden de presentación:*
«1. Cada Parte adoptará las medidas legislativas y de otro tipo que resulten necesarias para facultar a sus autoridades competentes a ordenar:
a) A una persona que se encuentre en su territorio que comunique determinados datos informáticos que posea o que se encuentren bajo su control, almacenados en un sistema informático o en un medio de almacenamiento de datos informáticos; y
b) a un proveedor de servicios que ofrezca prestaciones en el territorio de esa Parte que comunique los datos que posea o que se encuentren bajo su control relativos a los abonados en conexión con dichos servicios.
2. Los poderes y procedimientos mencionados en el presente artículo están sujetos a lo dispuesto en los artículos 14 y 15.
3. A los efectos del presente artículo, por «datos relativos a los abonados» se entenderá toda información, en forma de datos informáticos o de cualquier otra forma, que posea un proveedor de servicios y esté relacionada con los abonados a dichos servicios, *excluidos los datos sobre el tráfico o sobre el contenido*, y que permita determinar:
a) El tipo de servicio de comunicaciones utilizado, las disposiciones técnicas adoptadas al respecto y el periodo de servicio; b) la identidad, la dirección postal o geográfica y el número de teléfono del abonado, así como cualquier otro número de acceso o información sobre facturación y pago que se encuentre disponible sobre la base de un contrato o de un acuerdo de prestación de servicios; c) cualquier otra información relativa al lugar en que se encuentren los equipos de comunicaciones, disponible sobre la base de un contrato o de un acuerdo de servicios».

Las principales novedades que aporta este 2º Protocolo Adicional, que sigue basándose en el tradicional principio «*favor cooperationis*»[13] y en la exigencia de la doble incriminación[14], en lo que respecta a la obtención transfronteriza de pruebas electrónicas[15], son las siguientes:

El art. 6 es el relativo a la «*Solicitud de información sobre el registro de nombres de dominio*», y dispone que cada Estado Parte deberá adoptar las medidas legislativas y de otro tipo que fueran necesarias para que sus autoridades competentes puedan cursar una petición de este tipo *directamente a entidades que presten servicios de registro de nombres de dominio en el territorio de otra Parte*, a fin de hallar al registrante de un nombre de dominio o para poder ponerse en contacto con él, «*a efectos de investigaciones o procesos penales específicos*».

Cada Parte deberá adoptar las medidas necesarias para permitir que tales entidades, es decir, los PSI establecidos en su territorio, revelen esa información cuando reciban directamente una solicitud de estas características[16].

En el art. 7 se aborda la cuestión de la «*Divulgación de la información de los abonados*»[17], precepto que también exige a las Partes que adopten las medidas

---

13. Así, en el art. 5 de este 2º Protocolo se insta a las Partes a seguir colaborando «*en la mayor medida posible*».
14. Bien entendido que este requisito se cumple, según puede leerse en el art. 5, apdo. 6º del 2º PACB, con independencia de que la legislación de la Parte requerida incluya el delito en la misma categoría delictiva o lo denomine con la misma terminología que la Parte requirente, «*si el acto subsumible en el tipo delictivo respecto del que se solicita la asistencia constituye delito con arreglo a su legislación*».
15. Este instrumento también se ocupa de otras cuestiones relevantes en materia de asistencia transfronteriza en investigaciones o causas penales, como son los requisitos de uso de la videoconferencia –art. 11–, de los equipos conjuntos de investigación y de las investigaciones conjuntas –art. 12–, o de la protección de datos de carácter personal –art. 14–.
16. Destaca A. MARTÍN MARTÍN DE LA ESCALERA, *op. supra cit.*, p. 342, que este tipo de información suele ser el punto de partida de la mayoría de las investigaciones cometidas a través de dispositivos o sistemas informáticos, y se encuentra en poder de las entidades privadas que ofrecen servicios de registro de nombres de dominio. Pese a la importancia de estos datos, explica la autora –Fiscal adscrita a la Fiscal de Sala de Criminalidad Informática–, la cuestión no fue objeto de tratamiento en el texto original del Convenio de Budapest en 2001, pues éste es anterior al Reglamento General de Protección de Datos, y entonces la información sobre nombres de dominios era pública. Con la aprobación del RGPD dejó de serlo y ha sido entonces necesario regular la forma de obtener esa información necesaria para las investigaciones criminales, que podrá ser remitida directamente por el PSI.
17. Esta medida ya podía ser adoptada al amparo del art. 18 del Convenio de Budapest –«Orden de presentación»–, pero en el art. 7 del 2º PACB se regula con más detalle a fin de dotarla de mayor efectividad.

necesarias para facultar a sus autoridades competentes[18] para emitir una orden *directamente a un proveedor de servicios* que se encuentre en el territorio de otra Parte, a fin de que suministre información específica por ellos almacenada, o bien bajo su control, relativa a abonados, e igualmente «*para las investigaciones o procesos penales específicos de la Parte emisora*».

Añade este precepto en su apdo.1.b) que en la firma o ratificación del instrumento las Partes pueden exigir que estos requerimientos a los proveedores de servicios que se encuentren en su territorio sean dictados «*por un fiscal u otra autoridad judicial, o estar bajo su supervisión, o ser dictado bajo supervisión independiente*».

Por su parte, en el apdo. 5 a) de este mismo art. 7 también se prevé que la Parte, en caso de que lo haya hecho constar previamente, pueda exigir que cuando se emita una orden en virtud del párrafo 1°, en todos los casos o en circunstancias determinadas, se le notifique simultáneamente «*la orden, la información complementaria y un resumen de los hechos relacionados con la investigación o el procedimiento*». Incluso, al margen de que la Parte haya exigido o no ser notificada de esas solicitudes en virtud del apdo. 5 a), también podrá exigir al proveedor de servicios que consulte a las autoridades de esa Parte en circunstancias determinadas antes de proceder a la entrega de esos datos, y ordenarla que no divulgue esa información sobre el abonado si pudiera perjudicar investigaciones o procedimientos penales de esa Parte, entre otros motivos.

El art. 8 se dedica a la posibilidad de «Dar efecto a los requerimientos de la otra Parte para la *producción acelerada de información sobre los abonados y datos de tráfico*», específicos y ya almacenados, que obren en poder o estén bajo el control del proveedor de servicios y fueran necesarios para investigaciones o procesos penales específicos de ese Estado.

En todo caso, este precepto se podrá invocar si el proveedor de servicios está físicamente establecido en el territorio de la Parte requerida de colaboración, quien «hará esfuerzos razonables para notificar al proveedor de servicios en un plazo de cuarenta y cinco días», o antes si fuera posible, y ordenará a tal proveedor que se le entregue la información o datos solicita-

18. Por «*autoridad competente*», según dispone el art. 3, apdo. 2.b), se entiende una autoridad judicial, administrativa u otra autoridad encargada de hacer cumplir la ley que, según la legislación nacional, esté facultada para ordenar, autorizar o llevar a cabo la ejecución de medidas en virtud de este Protocolo, para recopilar pruebas con respecto a investigaciones o procesos penales específicos.

dos —*vid*. art. 8, apdo. 6º—, en veinte días si es información sobre abonados, y en cuarenta y cinco si son datos relativos al tráfico[19].

También está prevista la «*Divulgación acelerada de datos informáticos almacenados en caso de emergencia*»[20] —art. 9—, haciendo uso de los respectivos «puntos de contacto de la Red 24/7»[21], a los que ya se refería el art. 35 del Convenio de Budapest, de tal manera que a través del respectivo punto de contacto nacional se transmita la solicitud de información electrónica al homólogo de la otra Parte, con el fin de que éste requiera a un proveedor de servicios que se encuentra en el territorio de dicha Parte, para que revele «*de forma rápida datos informáticos específicos almacenados que obren en su poder o estén bajo su control, sin necesidad de presentar una solicitud de asistencia mutua*[22]». Por lo tanto, como este art. 9 del 2º PACB no distingue entre tipos de datos informáticos que se pueden requerir a través de este cauce, ha de entenderse que en tales casos de emergencia podrán obtenerse a través de la Red 24/7, datos de abonados, de tráfico, e incluso de contenido, siempre que ya estén almacenados[23].

---

19. Se prevé también la posibilidad de que la Parte requerida se niegue a ejecutar la solicitud si concurren motivos del art. 25, apdo. 4º, o en el art. 27, apdo. 4º del Convenio de Budapest: si se consideran delitos «políticos», o si la ejecución de la solicitud atenta contra la soberanía, seguridad, orden público u otros intereses esenciales de la Parte. Importante es destacar también lo dispuesto en el art. 25.5 del Convenio y en semejantes términos en el art. 5, apdo. 6º del 2º Protocolo Adicional: «Cuando, de conformidad con las disposiciones del presente capítulo, se permita a la Parte requerida condicionar la asistencia mutua a la existencia de una doble tipificación penal, dicha condición se considerará cumplida cuando la conducta constitutiva del delito respecto del cual se solicita la asistencia constituya un delito en virtud de su derecho interno, con independencia de que dicho derecho incluya o no el delito dentro de la misma categoría de delitos o lo denomine o no con la misma terminología que la Parte requirente». Bastará entonces con que los elementos objetivos y subjetivos del tipo respecto del que se solicita la asistencia constituyan delito con arreglo a su legislación.
20. Por situación de emergencia se entiende, según el art. 3 apdo. 2º, c) del propio 2º PACB, aquella situación en la que existe un riesgo significativo e inminente para la vida o la seguridad de una o más personas físicas.
21. El contacto español de la «Red 24/7» está radicado en la Comisaría General de Policía Judicial del Ministerio del Interior.
22. El apdo. 5º de este art. 9 dispone no obstante que una Parte podrá declarar que exige a las Partes requirentes, tras la ejecución de esta solicitud en supuestos de urgencia, que presenten la correspondiente solicitud y cualquier información complementaria, en el formato y por el conducto que indique la Parte, «*que podrá incluir la asistencia mutua*», es decir, que presente la comisión rogatoria por el cauce que corresponda.
23. Esta es la interpretación que hace BAHAMONDE BLANCO del art. 9 del 2º Protocolo adicional, en cuyas negociaciones participó como Fiscal en representación del Ministerio de Justicia español. *Vid*. su trabajo «Segundo Protocolo adicional…», *op.*

Es probable que este concreto procedimiento de la asistencia mutua en situaciones de emergencia, definidas con cierta amplitud en el art. 3.c) del instrumento —riesgo significativo e inminente para la vida o la seguridad de una o más personas físicas—, sea muy utilizado en la práctica de la cooperación internacional, pues posibilita una comunicación muy rápida entre los puntos de contacto de la Red 24/7, por correo electrónico o incluso verbalmente con niveles adecuados de seguridad y autenticación, y sin los retrasos que conlleva la necesidad de traducir la solicitud[24].

Además del citado art. 9, el art. 10 del 2° PACB añade un considerable margen de actuación de la asistencia mutua en tales situaciones de emergencia para cursar sus peticiones a través de la referida *Red 24/7*, por la versatilidad de las diligencias investigadoras que admite sean solicitadas en esos casos, que podrán ser de cualquier tipo, y porque la transmisión de la petición se simplifica mucho a través de los propios miembros de la Red[25], o incluso por medio de Interpol —*vid*. art. 10, apdo. 9°—.

Una vez expuestos los contenidos más relevantes de este 2° Protocolo adicional al Convenio de Budapest en relación con el tema que nos ocupa, tenemos que preguntarnos ahora por la eficacia esperable del instrumento.

En primer lugar, debemos recordar que para su entrada en vigor se tiene que ratificar por los Estados Parte, al menos por cinco, cosa que no ha sucedido hasta la fecha; no cabe duda de que la ratificación por los Estados Unidos será fundamental, pues allí se encuentran actualmente los establecimientos de los principales proveedores de servicios de comunicación y

---

cit., p. 12. También en ese sentido VELASCO NÚÑEZ, E.: «El Segundo Protocolo adicional…», *op. cit.* p. 4: en caso de emergencia el proveedor tecnológico extranjero requerido deberá ceder rápidamente los datos electrónicos específicos almacenados en su poder; «no indica la norma cuáles, luego no se excluye ninguno». En consecuencia, a través del contacto de la Red 24/7 podrán pedirse «incluso datos de contenido», concluye el referido Magistrado de la Audiencia Nacional. En el mismo sentido la Fiscal adscrita en la Fiscalía de Sala contra la criminalidad informática, A. MARTÍN: «Prueba digital. Marco normativo…», *op. cit*., p. 340: el mecanismo previsto en este artículo será aplicable en situaciones de emergencia, «tanto para la obtención de datos de abonados, como de datos de tráfico o de contenido».

24. Destaca estas ventajas A. MARTÍN, *op. supra cit*., p. 339.
25. Es posible el contacto directo e inmediato entre los miembros de la Red 24/7 y además la documentación necesaria para cursar la petición se restringe a la mínima expresión; se puede hacer uso de medios electrónicos de transmisión, e incluso cursar la solicitud verbalmente, con confirmación electrónica ulterior. Pone de relieve estas y otras ventajas en la tramitación para los supuestos de emergencia, GUDÍN RODRÍGUEZ-MAGARIÑOS: «El nuevo Protocolo del Convenio…», *op. cit*., p. 32.

almacenamiento de datos. Además, los firmantes tendrán que introducir en sus respectivas legislaciones nacionales todos los cambios que fueran necesarios para dotar de efectividad al instrumento internacional. Es decir, los Estados Parte deberán facultar de manera expresa a los proveedores de servicios que se encuentren en su territorio para revelar directamente la información requerida por la autoridad competente extranjera en los casos previstos. Este cambio será importante también para la normativa estadounidense en relación con la CLOUD Act, según expusimos *supra*.

De otro lado, como han destacado ya algunos analistas[26], el instrumento contiene, precisamente en relación con los artículos a que hemos hecho referencia anteriormente, un suficientemente amplio catálogo de posibles declaraciones y reservas por los Estados firmantes, a fin de que el 2º PACB pueda incorporarse a los distintos sistemas jurídicos en que se tendrá que aplicar; esto le dotará de la flexibilidad que necesita un texto llamado a ser aplicado en decenas de países con notables diferencias entre sí. Sin embargo, y al mismo tiempo, tal característica implica que hasta el momento en que se produzcan las respectivas ratificaciones, aceptaciones, o aprobaciones, hasta que no conozcamos los concretos términos de éstas y la amplitud de las probables reservas, no podremos valorar toda la operatividad de las nuevas herramientas de cooperación internacional que se contienen en el Segundo Protocolo Adicional al Convenio de Budapest.

Debe llamarse la atención sobre el hecho de que, en el momento de firmar o ratificar este 2º PACB, las Partes pueden declarar que, bien en todos los casos, o solo en algunos determinados, las solicitudes que se dirijan al PSI establecido en su territorio deban ser también notificadas a las autoridades competentes de ese Estado, a fin de que éstas, si entienden que tal información pudiera perjudicar investigaciones que están llevando a cabo, o si concurren causas de denegación de la asistencia solicitada de las previstas en el art. 25.4 o en el art. 27.4 del Convenio, puedan ordenar sin demora al proveedor de servicios que no proporcione la información que le demandan las autoridades competentes de otros Estados.

Las reservas y declaraciones[27] determinarán también otras cuestiones de tanta trascendencia como quiénes serán las autoridades competentes para ejercer algunas de las funciones previstas en el texto, concretarán las

26. *Vid.* BAHAMONDE BLANCO, M., *op. cit.*, pp. 5 y 19, así como GUDÍN RODRÍGUEZ-MAGARIÑOS, *op. cit.*, pp. 44 y ss.
27. *Vid.* las especificaciones que al respecto se contienen en el art. 19 del 2º PACB.

opciones que ofrece cada uno de los preceptos[28], o la amplitud y alcance de las respectivas garantías.

En cualquier caso, este 2º Protocolo adicional al Convenio de Budapest conlleva a nuestro juicio un claro avance, pues se amplía y actualiza el referido Convenio, que ha resultado ser muy eficaz en la práctica, al tiempo que se recogen en un instrumento normativo internacional, dotado de más garantías, algunas prácticas de cooperación transfronteriza en materia penal que ya se estaban llevando a cabo, en ocasiones basadas en Acuerdos bilaterales[29], como las colaboraciones directas y voluntarias prestadas por algunos proveedores de servicios radicados fuera del territorio del Estado reclamante en relación con peticiones de datos de abonados o incluso de tráfico[30].

28. Como ejemplo podemos mencionar el hecho de que los datos de abonados se podrán solicitar directamente por la autoridad del Estado Parte que está investigando la causa al proveedor de servicios invocando el art. 7, pero también puede resultar que en ese caso concreto se declare por una Parte como obligatorio cursar tal petición a través de las autoridades competentes del Estado Parte requerido, en los supuestos en que ese Estado hubiera decidido que para obtener tal información será de aplicación el art. 8, y no el art. 7. *Vid*. los comentarios de Dª ELVIRA TEJADA en la publicación de la entrevista *supra* citada, p. 8.

29. Como en el importante Acuerdo de asistencia judicial entre la Unión Europea y los Estados Unidos de América, firmado el 25 de junio de 2003, L 181/34, DOUE 19-7-2003.

30. Colaboraciones que vienen prestando esos importantes proveedores de servicios de internet, o no prestando, con base en la legislación del país donde tienen su sede, y considerando sus respectivas políticas empresariales y de protección de la privacidad. *Vid*. particularmente por su evidente interés la *Guía Práctica sobre preservación y obtención en Estados Unidos de datos de Internet*, esp. p. 69, en su versión de 2019, parcialmente actualizada en 2021 y elaborada por la Magistratura de Enlace de España en Estados Unidos.

XVII

Fortalezas, oportunidades, debilidades y amenazas del nuevo conjunto normativo. Valoraciones finales

Formularemos a continuación una serie de conclusiones sobre la regulación finalmente aprobada y contenida en el «paquete *e-evidence*».

Salvando las distancias de metodología y fines pretendidos, realizaremos una suerte de *análisis DAFO*[1], comenzando por las fortalezas y oportunidades que ofrece el nuevo modelo de obtención transfronteriza de información electrónica en la UE, para concluir poniendo de manifiesto las que, hoy en día, antes de ver su aplicación efectiva, estimamos que pueden ser las principales debilidades o amenazas que apreciamos en el nuevo instrumento.

XVII.1. FORTALEZAS Y OPORTUNIDADES

1. Finalmente disponemos de una regulación común para la rápida obtención de información electrónica almacenada por los PSI que prestan sus servicios en el «espacio de libertad, seguridad y justicia» de la Unión Europea.

No cabe duda de que era necesario, ya desde hace años, completar la regulación en el ámbito de la Unión sobre el acceso transfronterizo a los datos que almacenan los PSI, con fines de investigación y prueba de hechos

1. Método de análisis que se utiliza principalmente en el ámbito empresarial para la toma de decisiones estratégicas, pero que nos puede servir también como referente para valorar este instrumento normativo, su potencial eficacia y ventajas en relación con otros instrumentos, así como los riesgos que le acechan y la adecuación a los fines que con él se pretenden: mejorar la investigación y prueba de los hechos delictivos, a la vez que se garantiza la efectiva defensa de los derechos afectados.

delictivos, y no solo para la persecución del cibercrimen o de los delitos en los que existe un fuerte componente *on-line*. También en los delitos que se cometen *off-line* se necesita en muchos casos este tipo de datos para su correcta investigación y enjuiciamiento[2]. Era imprescindible además que se pudieran obtener de forma rápida y segura, pues la información electrónica resulta ser extremadamente volátil[3].

Ya hemos explicado que la OEI no resultaba ser un instrumento suficientemente idóneo a estos efectos[4], por su relativa lentitud y, sobre todo, porque si importantes prestadores de servicios no cuentan con establecimiento en la Unión a los efectos de cooperar con las autoridades nacionales europeas, muchas de las peticiones de datos que se les cursan se tienen que seguir tramitando a través de «comisiones rogatorias» —*mutual legal assistence*—, con todo lo que ello implica, en los términos ya expuestos.

Ni el Convenio de Budapest de 2001, ni sus Protocolos adicionales, ni otros acuerdos, convenios o tratados bi- o multilaterales han podido dar solución hasta la fecha a todas las necesidades que se han puesto de manifiesto en esta materia. Tampoco la acción unilateral de los Estados miembros era la solución adecuada[5].

2. Un interesante ejemplo sobre el uso de datos de geolocalización, junto con una App de salud, para la averiguación de las circunstancias que concurrieron en la comisión de un grave hecho delictivo en la ciudad de Freiburg (Alemania), que tuvo además un gran impacto mediático internacional, nos lo ofrece BURCHARD, Ch: «Der grenzüberschreitende...», Teil I, *op. cit.* nota 30.
3. Hacía falta articular ese «*fast-track-line*» al que ya se refiriera DE BUSSER, «EU-USA Digital Data...», *op. cit.*, p. 1266.
4. No obstante, algunos autores, como BURCHARD, Ch.: «Der grenzüberschreitende Zugriff ...», *op. supra cit.*, Teil II, pp. 253 y ss. o BÖSE, M.: «Der Kommisionsvorlag...», *op. cit.*, p. 146, proponían mejorar/reforzar la OEI y tratar de superar sus posibles inconvenientes, en vez de poner en marcha un nuevo instrumento que prescindiera del principio de territorialidad en la materia y propugnara la privatización de la cooperación transfronteriza como solución.
5. Como hemos indicado *supra*, algunos Estados miembros han ampliado ya unilateralmente sus respectivas facultades de actuación, aprobando legislación nacional que les permite emitir órdenes de entrega de datos a PSI que operan en su concreto territorio, aunque los datos estén almacenados en el extranjero; así lo han hecho ya, *v.gr.*, Alemania y Bélgica. *Vid.* BURCHARD, Ch.: «Der grenzüberschreitende Zugriff...», *op. cit.*, Parte I, p. 191. Esto plantea inconvenientes de distinta índole, pues cuando esas medidas son adoptadas a título individual por cada uno de los Estados, conllevan *de facto* obstáculos a la libre prestación de servicios en el mercado interior, por lo que es claramente preferible una acción normativa «a escala de la Unión», que obligue por igual a todos los PSI que ofrecen sus servicios en cualquier Estado/s de la Unión.

Por otro lado, si bien desde hace mucho tiempo se viene haciendo uso de la cooperación voluntaria directa que prestan los PSI *para obtener datos que no sean de contenido*, principalmente con proveedores de servicios establecidos en EE.UU, como alternativa a las «comisiones rogatorias» y con una eficacia notable[6], esta cooperación directa entre autoridades nacionales y PSI establecidos en otros Estados fuera de la Unión presenta también inconvenientes importantes, precisamente por la «voluntariedad» que sustenta esa cooperación. Falta en muchos casos el suficiente soporte normativo de estas actuaciones, lo que siempre es un riesgo, también para la posterior utilización en la causa de la prueba obtenida. Además, el éxito de la solicitud de cooperación depende de las respectivas políticas empresariales y de privacidad de cada uno de los PSI, así como del cumplimiento por éstos de la legislación nacional del país donde tiene su establecimiento el PSI en cuestión, que desde luego también le vincula y que, según se ha expuesto, puede plantear inconvenientes que finalmente frustren la entrega de datos, en particular por la aplicación de las estrictas reglas que en materia de cooperación con autoridades extranjeras se contienen, por ejemplo, en la CLOUD Act norteamericana.

Es de suponer que con la entrada en funcionamiento del «paquete *e-evidence*» estos canales de cooperación voluntaria directa serán reemplazados por los EPOC/EPOC-PR[7], pues *todos* los PSI que presten servicios en la UE

6. Véase en este sentido el ya citado Informe SIRIUS 2023, pp. 21 y 24: A pesar del complejo panorama de los PSI, y de que se ha de tener en cuenta la legislación del lugar donde está establecido el PSI y su propia política de privacidad, lo cierto es que el grado de satisfacción de los funcionarios policiales que solicitan datos a PSI extranjeros es «alto» o «muy alto». Las solicitudes directas de datos a los PSI fue el tipo de cooperación más solicitada en el año 2022. Solo cuando las solicitudes directas no son posibles, las autoridades policiales han de hacer uso de los mecanismos *mutual legal assistence* u OEI para obtener la información que necesitan. Algunos PSI han creado incluso portales en línea dedicados específicamente a prestar esa colaboración con las autoridades competentes, por ejemplo: Airbnb, Google, Microsoft, Meta, Uber, Twitter, WhatsApp o Zoom. Permiten conocer el estado de la solicitud, descargar las respuestas de forma segura y agilizar la comunicación entre autoridades y PSI, u otros datos que pueda tener en este sentido. *Vid*. p. 75 del citado Informe SIRIUS 2023: el volumen de solicitudes presentadas hoy (2022) en el marco de la cooperación voluntaria es desproporcionadamente mayor que el de las solicitudes recibidas por muchos PSI a través de la cooperación judicial.
7. En el Informe SIRIUS 2023, p. 12, se indica que aún no está claro si la actual práctica de cooperación voluntaria directa seguirá siendo aceptada por los PSI a partir de agosto 2026. A nuestro juicio, esa práctica, que adolece de insuficiente soporte normativo en muchos Estados, deberá ser reemplazada por el empleo del EPOC/EPOC-PR, salvándose de esta manera la incertidumbre sobre si estos datos así obtenidos podrán ser admitidos después como prueba ante el tribunal.

tendrán que tener establecimiento o representación en algún Estado de la Unión en el que estén operando, y allí se les podrán dirigir estas órdenes de entrega o conservación de información electrónica, con lo que se ganará en seguridad jurídica y fiabilidad de las pruebas remitidas por los PSI a través de canales seguros de comunicación[8].

2. Se opta por un conjunto normativo (Reglamento + Directiva) que evitará disparidades relevantes entre las legislaciones de los Estados miembros sobre la materia.

Desde luego el Reglamento es un instrumento que ofrece ventajas importantes, como su aplicación directa y uniforme por los Estados miembros sin necesidad de normativa nacional de transposición, al tiempo que evita o minimiza posibles interpretaciones divergentes por parte de los Estados miembros[9]. Por tanto, se puede ganar en efectividad cuando se dispone de un marco normativo armonizado vinculante, a la vez que se evitan problemas por la extemporánea o deficiente transposición de la norma por los Estados miembros, como ha sucedido con algunas Directivas.

8. No obstante, ya hay quien destaca que no todo serán ventajas en este punto, pues, en efecto, la cooperación voluntaria directa funciona satisfactoriamente en la actualidad en muchos casos, y el nuevo sistema EPOC/EPOC-PR supondrá la introducción de formularios, requisitos y procedimientos que ralentizarán y complicarán la cooperación directa como la conocemos hasta hoy, por mucho que para la obtención de datos de abonados y de tráfico no entre en juego el «mecanismo de notificación».
Vid. Informe SIRIUS 2023, pp. 75 y 76: Preguntados los PSI por si, tras la entrada en funcionamiento en 2026 del «paquete *e-evidence*», seguirían aceptando solicitudes directas en el marco de la cooperación voluntaria, las respuestas fueron diversas: algunos respondieron que era demasiado pronto para tomar una decisión al respecto; otros indicaron que su intención era dejar de aceptar estas peticiones en cuanto fuera aplicable el sistema EPOC; otros manifestaron que las aceptarían solo en casos de emergencia, con riesgo inminente contra la vida de personas; finalmente, otros expresaron su intención de seguir aceptando solicitudes directas, por considerar que podría seguir siendo el mecanismo de cooperación más efectivo en muchos casos.
9. Ya apuntaron en su día GIALUZ y DELLA TORRE que el uso del instrumento Reglamento era buena prueba de que las instituciones UE se fiaban realmente poco de cómo los Estados miembros recibían los instrumentos euro-unitarios en materia procesal penal, por lo que en este caso habían optado por eludir el problema, proponiendo un acto *self-executing*. *Vid.* su trabajo «Lotta a la criminalità...», *op. cit.*, pp. 292.
TINOCO PASTRANA observó también que esta opción por el Reglamento pone de manifiesto que la Comisión no está dispuesta a que la efectividad de los instrumentos en el *espacio de libertad, seguridad y justicia* se pueda ver obstaculizada por la extemporánea o falta de transposición de los Estados, riesgos que sí existen con la Directiva, como se ha puesto de manifiesto, por ejemplo, con la Directiva (UE) 2016/680, en materia de protección de datos en procesos penales. Véase «Las órdenes europeas de entrega y conservación...», *op. cit.* p. 207.

Sin embargo, estas ventajas o fortalezas del instrumento elegido no están exentas de sombras u objeciones, a las que haremos referencia *infra* con más detalle, pues se ha cuestionado que la base jurídica de la norma que regula el nuevo sistema de obtención transfronteriza de datos electrónicos se sitúe en el apdo. 1º del art. 82 TFUE[10], y no en el apdo. 2º del mismo art. 82[11].

3. Se abandona el *principio de territorialidad*, que se sustituye por el del lugar en que se ofrece el servicio —*Markortprinzip*—.

Desde el momento en que la información se almacena «en la nube», también en servidores fuera del espacio UE, o de manera itinerante, incluso fragmentadamente, no podemos seguir aplicando el principio de territorialidad —lugar en que se encuentra la prueba— para determinar la autoridad judicial competente que prestará la cooperación transfronteriza requerida.

Estimamos un acierto el cambio de modelo en relación con la obtención de este concreto tipo de fuentes de prueba. En efecto, si un PSI ofrece sus servicios en la Unión —servicios de comunicación, de almacenamiento de datos, de información, de compra-venta, etc., etc.—, que masivamente se están empleando en la comisión de hechos delictivos, deberá colaborar con las autoridades competentes en la Unión que se ocupan de la investigación y enjuiciamiento de esos delitos; el «lugar» de almacenamiento de los datos deja de ser relevante en este sentido[12].

---

10. Así se indicó expresamente en la «Exposición de motivos» de la citada Propuesta de Reglamento que presentó la Comisión en 2018, *vid*. p. 6: la base jurídica de esta norma es el apdo. 1º del art. 82 TFUE, según el cual, en materia de cooperación judicial penal en la Unión, y con base en el principio de reconocimiento mutuo de sentencias y resoluciones judiciales, el Parlamento europeo y el Consejo adoptarán medidas con arreglo al procedimiento legislativo ordinario a fin de garantizar el reconocimiento de resoluciones y facilitar la cooperación entre autoridades judiciales o equivalentes de los Estados miembros en el marco del proceso penal y de la ejecución de resoluciones. Por lo tanto, con fundamento en este apdo. 1º del art. 82, y como el mismo no indica el instrumento normativo específico a emplear, se entendió que podían usarse Directivas y también Reglamentos. De hecho, en el «paquete *e-evidence*» se emplean los dos.
11. «En la medida en que sea necesario para facilitar el reconocimiento mutuo de las sentencias y resoluciones judiciales y la cooperación policial y judicial en asuntos penales con dimensión transfronteriza, el Parlamento europeo y el Consejo podrán establecer normas mínimas *mediante directivas* (...). Estas normas se referirán a: a) la admisibilidad mutua de pruebas entre los Estados miembros. (...)».
12. Esta conclusión o valoración positiva sobre el apartamiento del principio de territorialidad no es unánime entre la doctrina que se ha ocupado del estudio del tema. Así, destacadamente BURCHARD considera que se debería haber mantenido la vigencia de este principio rector, pues la «privatización» de la cooperación transfronteriza no es la mejor solución normativa a este problema. *Vid*. destacadamente el trabajo en

4. En la versión final del Reglamento *e-evidence* se han visto corregidos algunos importantes déficits del articulado, que ya se pusieron de manifiesto durante la tramitación del instrumento.

En particular, finalmente se ha introducido el «mecanismo de notificación» a la autoridad judicial del Estado de ejecución —art. 8 del Reglamento 2023/1543—, aunque ya hemos explicado que no operará en la mayoría de los supuestos de cooperación con los PSI.

También se ha previsto la posibilidad de que los abogados de la defensa puedan solicitar la emisión de EPOC/EPOC-PR a las autoridades competentes, conforme establezca su propio derecho nacional, en caso de que necesiten datos electrónicos que almacenan los PSI para poder articular adecuadamente su defensa[13].

Se han completado además los posibles motivos de no ejecución del EPOC, que eran muy insuficientes en la versión del Proyecto de Reglamento que presentó la Comisión en 2018.

5. Se instaurará un canal seguro de transmisión de la información entre autoridades nacionales y PSI.

Este aspecto es esencial para que funcione de manera rápida y segura un instrumento de cooperación de estas características, entre autoridades y empresas proveedoras de servicios.

El llamado «sistema informático descentralizado» permitirá esa comunicación ágil y fiable, el intercambio de formularios y la transmisión de los datos requeridos; su uso será obligatorio para todos los implicados.

Además, ha de valorarse positivamente que, a fin de que dicho sistema no suponga un coste inasumible para las pequeñas o medianas empresas del sector, se haya previsto que la Comisión ponga a disposición de los PSI una interfaz web gratuita: el «programa informático de aplicación de referencia», que les permitirá acceder sin coste al «sistema informático descentralizado».

---

el que se plantea si en efecto el principio de territorialidad es un problema por estar obsoleto, y donde el autor cuestiona que la «unilateralidad» pueda ser la solución. «Der grenzüberschreitende Zugriff…», *op. cit.*, pp. 249 y ss.

13. En este punto fueron determinantes los contundentes informes emitidos por la Abogacía europea –*Council of Bars and Law Societies of Europe*– y por FAIR TRIALS, ya citados, reclamando insistentemente esta posibilidad que es esencial para ejercer una defensa con igualdad de armas.

En todo caso, hasta que no se pueda disponer efectivamente de este concreto canal seguro de comunicación, que solo entrará en funcionamiento a partir de un año desde que la Comisión adopte el sistema informático descentralizado —*vid.* art. 34 Reglamento 2023/1543—, se tendrán que utilizar los medios alternativos de comunicación que pudieran ser adecuados y seguros, lo que implicará una diversidad de sistemas de comunicación. Esto puede ser también una debilidad del sistema de obtención transfronteriza de información electrónica.

6. Se incorpora Irlanda al ámbito de aplicación el paquete *e-evidence*.

Conviene recordar y destacar que este Estado de la Unión no participa del sistema de la Orden Europea de Investigación, es decir, no le vincula la Directiva 2014/41/CE, lo que ya de por sí es una debilidad de dicho mecanismo de obtención transfronteriza de pruebas en materia penal, que incluye también las electrónicas, según se ha expuesto.

Sin embargo, Irlanda sí ha notificado su deseo de participar en la adopción y aplicación del «paquete *e-evidence*», según se puede leer en el Considerando 100º del Reglamento 2023/1543.

Estimamos que tal incorporación de Irlanda ha de valorarse de forma especialmente positiva, más si tenemos en cuenta que importantes proveedores de servicios de comunicaciones electrónicas, de almacenamiento de datos y de la sociedad de la información en sentido más amplio, tienen ya establecimiento en ciudades irlandesas[14], lo que desde luego facilitará la puesta en marcha de este nuevo sistema de cooperación directa, que ya venían prestando de manera voluntaria los PSI en los casos en que era posible.

7. La necesaria incorporación del «paquete *e-evidence*» a los distintos ordenamientos de los Estados miembros será una oportunidad para que éstos actualicen y mejoren las respectivas regulaciones nacionales sobre obtención y valoración de las pruebas electrónicas en el proceso penal.

8. La próxima puesta en marcha del nuevo sistema de obtención transfronteriza de información electrónica, de manera obligatoria y simultáneamente en todos los Estados UE, ha de ser vista también como una oportunidad para mejorar la formación de todos los operadores jurídicos sobre

14. Así, por ejemplo, en Dublín está la sede europea de Google y en particular su «centro de datos»; la sede europea de Apple está en Cork, también en Irlanda.

las utilidades y presupuestos de aplicación de esta nueva herramienta de uso común.

XVII.2. DEBILIDADES Y AMENAZAS

1. El fundamento normativo del «paquete *e-evidence*» en el apartado 1° del art. 82 TFUE ha suscitado el rechazo de parte de la doctrina[15], quien además considera que no debería haberse empleado el Reglamento, sino solo Directivas.

Más correcto habría sido basarlo en el párrafo 2° del mismo art. 82 TFUE —normas mínimas sobre admisibilidad de pruebas entre Estados miembros, a través de Directivas—, ya que se estima que en la mayoría de los supuestos no habrá reconocimiento mutuo de resoluciones judiciales como tal, entre dos autoridades judiciales de dos Estados miembros, sino que una autoridad judicial en el Estado de emisión se dirigirá a una persona jurídica, a una empresa proveedora de servicios radicada en otro Estado miembro, quien le tendrá que prestar su cooperación, sin que en muchos casos vayamos a ver la intervención de autoridad judicial alguna en el Estado de ejecución. Recordemos que el «mecanismo de notificación» del art. 8 del Reglamento no operará siempre, ni mucho menos.

Por lo tanto, no podemos concluir que estemos en presencia de un sistema de cooperación *judicial* transfronteriza, de reconocimiento y ejecución de resoluciones *judiciales* por parte autoridades judiciales de otro Estado UE.

Como ya tuvimos ocasión de argumentar en su día, cuando se presentó el texto de la Propuesta de Reglamento por la Comisión en 2018[16], y habiendo reconsiderado después nuevamente este extremo a la vista de cómo han quedado finalmente regulados los supuestos en que entra en funcionamiento —o más bien no entra— el «mecanismo de notificación» a la autoridad

---

15. Seguramente es la doctrina alemana la que con más virulencia se ha manifestado en este sentido. Véase BÖSE, M.: «Der Kommissionsvorlag zum transnationalen...», *op. cit.*, pp. 142 y 143: el uso del apdo. 1° del art. 82 TFUE como base jurídica de esta regulación socava las salvaguardias del art. 89 TFUE, incluso considerando la introducción del «mecanismo de notificación». Va aún más allá BURCHARD, quien afirma que desde luego no estamos ante supuestos de reconocimiento mutuo *judicial* y que, de hecho, la cooperación *con particulares* no encajaría ni en el art. 82.1 TFUE, ni tampoco en el art. 82.2 TFUE, concluye el autor en su trabajo «Der überschreitende Zugriff...», *op. cit.*, Parte II, pp. 261 y 267.
16. *Vid.* DE HOYOS SANCHO, M.: «Reflexiones acerca de la Propuesta de Reglamento...», *op. cit.*, pp. 8 y 9.

judicial del Estado de ejecución, sus limitadas posibilidades de control de las órdenes que recibirán los PSI, hemos de concluir que en términos generales seguimos estando en presencia de una cooperación transfronteriza de *naturaleza mixta*, y no de un sistema de reconocimiento mutuo de resoluciones entre autoridades judiciales.

En consecuencia, el sustento normativo de este nuevo sistema de cooperación para la obtención transfronteriza de pruebas se podría encontrar en el apdo. 2° del art. 82 TFUE, y no el apartado 1° de dicho precepto. Por tanto, el instrumento regulador tendría que haber sido una Directiva.

De otro lado, si como se indicaba en la Propuesta de Reglamento presentada en 2018 lo que se pretendía era establecer «normas uniformes», que no dejaran margen de transposición a los Estados miembros «a fin de lograr más claridad y seguridad jurídica en la materia», «evitando así interpretaciones divergentes y problemas de transposición», entendemos que ese objetivo no se ha conseguido en relación con algunas cuestiones de gran trascendencia, que incluso pueden ser determinantes del grado de eficacia del instrumento: recursos que podrán interponerse contra la emisión del EPOC, formas de obtención y de valoración de la prueba o vigencia del principio de especialidad, entre otros.

2. «Privatización» y falta del suficiente control judicial de la legalidad y proporcionalidad de la cooperación transfronteriza.

Aunque finalmente se atendieron parte de las objeciones formuladas al texto inicialmente propuesto por la Comisión, incorporando a la autoridad judicial del Estado de ejecución en el control en algunas concretas órdenes de producción que recibirán los PSI, es probable que el «mecanismo de notificación» no llegue a operar en la mayoría de los supuestos que se planteen en la práctica, por lo que el control de la legalidad, necesidad y proporcionalidad de la solicitud de datos electrónicos a los PSI corresponderá casi exclusivamente a la autoridad de emisión —la misma que está investigando— y en escasa medida al propio PSI, pues este último recibirá muy poca información sobre el asunto que se investiga y, además, podemos suponer que tendrá pocos alicientes y escasos recursos personales para verificar con rigor si los cientos o miles de órdenes que van a recibir son conformes a Derecho en todos sus extremos. No olvidemos que en caso de negativa a cumplir el EPOC/EPOC-PR el PSI se puede tener que enfrentar a una sanción penal y/o económica.

Es interesante en este punto la lectura de uno de los últimos documentos publicados poco antes de la aprobación del «paquete *e-evidence*» conjuntamente por importantes «grupos de interés» pertenecientes al ámbito de los medios de comunicación, del periodismo, de la abogacía, a otras asociaciones profesionales y también a representantes de PSI[17].

En él se concluyó, entre otros extremos, que el sistema de acceso transfronterizo a datos electrónicos en causas penales, en los términos en que estaba entonces a punto de aprobarse, tras los trílogos de diciembre de 2022, ponía en claro peligro derechos fundamentales como el debido proceso —*right to a fair trial*—, las libertades de prensa y de expresión, el derecho a la privacidad —*privacy*—, y las obligaciones de secreto y confidencialidad de algunos profesionales, como periodistas, abogados o médicos. Las salvaguardas a estos colectivos están mal diseñadas en el Reglamento —destacaban—, pues no impedirán el acceso ilegítimo a sus comunicaciones con sus clientes y pacientes. En muchos casos los únicos que podrían frenar un uso indebido o desproporcionado de las órdenes serían los PSI, pero sus facultades en este sentido son limitadas, e incluso desincentivadas por las amenazas de sanción.

Exponían estos colectivos que el «mecanismo de notificación», tal y como ha sido articulado, es escaso y básicamente inoperante —*trickle and toothless*—, y aunque se haya propuesto como una solución para mejorar el texto inicialmente propuesto, será en la práctica una excepción, y no la regla en el funcionamiento del sistema. En consecuencia, el instrumento no aporta suficiente seguridad jurídica a los PSI y se corre el riesgo de que se pueda emplear para perseguir a periodistas, defensores de los derechos humanos, opositores políticos u abogados, entre otros. No se ha tenido suficientemente en cuenta que ciertos contextos nacionales cuentan con un Estado de Derecho —*Rule of Law*— debilitado, donde concurren riesgos claros de represión política, se concluía en el referido documento.

3. Complejidad del sistema finalmente adoptado tras las complicadas negociaciones. ¿Reemplazará la cooperación voluntaria directa?

17. Véase el documento conjunto publicado en Bruselas el 12 de junio de 2023, por importantes colectivos profesionales directamente interesados en la materia, entre otros: Committee to Protect Journalists (CPJ), Council of Bars and Law Societies of Europe (CCBE), Association of the Internet Industry, European Digital Rights (EDRi), European Federation of Journalists (EFJ): *Plenary vote on the «e-evidence package» Regulation and Directive on «European production and preservation orders for electronic evidence in criminal matters» and «legal representatives»*. https://www.cpme.eu/api/documents/adopted/2023/06/Joint-Letter-Plenary-Vote-E-evidence-13-June-2023.pdf

El Reglamento 2023/1543 consta de relativamente pocos artículos —26[18] si excluimos las disposiciones finales—, muchos Considerandos —102—, incluso demasiados si tenemos en cuenta que algunos de ellos añaden especificaciones relevantes que, a nuestro juicio, deberían estar en el articulado.

Particularmente en este instrumento es importante fijarse bien en lo que contienen o no contienen los respectivos formularios que figuran en los Anexos; por ejemplo, en el hecho de que el formulario EPOC que recibirá el PSI tendrá mucha menos información sobre la causa que se investiga que el formulario que se remitirá a la autoridad de ejecución cuando se le tenga que notificar la orden en aplicación del art. 8.

Además, si no se concreta muy bien en el EPOC la información que se le está demandando al PSI, la solicitud puede ser denegada por desproporcionada, o no se recibirán los datos que realmente se necesitan, o incluso se recibirán demasiados y no se podrán procesar de manera eficaz, con la agilidad imprescindible para seguir adelante con la investigación[19].

Es fundamental que los operadores jurídicos, y también los representantes de los PSI que recibirán las órdenes, se formen adecuadamente en la materia, pues la regulación es enrevesada en ciertos puntos, las cuestiones a valorar pueden ser complejas en algunas causas y los plazos de respuesta son cortos.

De otro lado, según hemos ido poniendo de relieve a lo largo de este trabajo, algunos extremos de gran trascendencia práctica están poco definidos en el Reglamento que nos ocupa, lo que seguramente provocará discrepancias y fricciones. Por ejemplo, ¿cómo se interpretará la circunstancia de que la causa tenga o no «*sólidos vínculos con el Estado de emisión*»?, ¿y los supuestos

18. Aunque algunos de ellos abarcan más de tres páginas del DOUE.
19. Como ha puesto de relieve F. JIMÉNEZ-VILLAREJO, Fiscal de Sala de Cooperación Internacional de la FGE, uno de los principales retos a los que se enfrentan los Fiscales que investigan causas complejas es procesar el enorme volumen de información que pueden llegar a recabar. Es preciso afrontar y tratar de evitar el riesgo de sobreabundancia de pruebas, que en el argot denominan «hiperoxia» o «síndrome de exceso de oxígeno», por las dificultades para ordenar y racionalizar el inmenso material probatorio que se va a acumular en investigaciones complejas, que después ha de presentarse de manera estructurada y racional ante el órgano jurisdiccional competente, siempre con respeto, tengámoslo en cuenta también, de toda la normativa sobre protección de datos. Concluye el Fiscal destacando que precisamente ese es uno de los grandes desafíos de la Fiscalía en la actualidad. *Vid.* el Prólogo que firma JIMÉNEZ-VILLAREJO a la obra ya citada *El proceso penal ante una nueva realidad tecnológica europea*, p. 27.

de *«urgencia»*? ¿estará siempre claro que el tipo de datos solicitados son de abonados, de tráfico o de contenido?

Por lo demás, como han destacado los Informes SIRIUS 2022 y 2023 ya referidos, la cooperación voluntaria directa entre autoridades nacionales y los principales PSI viene funcionando hasta ahora de manera satisfactoria en términos generales. Hemos de suponer que cuando entre en vigor el «paquete *e-evidence*», también para esos casos en que ahora es posible tal cooperación directa, deberá pasar a emplearse el sistema EPOC/EPOC-PR, lo que en cierta medida va a añadir complejidad a la obtención de ese tipo de datos que no son de contenido, los que más se solicitan en la práctica. Y nos preguntamos, ¿quedará entonces «abolida» la cooperación voluntaria directa con los PSI?, ¿podrán éstos seguir dando respuesta como hasta ahora a esas peticiones que tantas veces reciben? Entendemos que no, que la cooperación se tendrá que canalizar a través del nuevo sistema, más cuando será obligatoria la implantación de un específico «sistema informático descentralizado» para la transmisión de los datos solicitados.

Este extremo tan importante debería haber quedado más claro en la norma, pues en otro caso es posible que se mantenga la duplicidad de sistemas de obtención de información electrónica, lo que suponemos no era el deseo del legislador UE.

4. Falta de concreción y de armonización de algunos de los motivos de denegación del cumplimiento del EPOC.

No están en absoluto armonizados en el ámbito de la Unión los supuestos en que los datos podrían estar *«protegidos por inmunidades o privilegios concedidos en virtud del Estado de ejecución»*, o *«cubiertos por normas sobre la determinación o limitación de la responsabilidad penal relacionadas con la libertad de prensa o la libertad de expresión en otros medios de comunicación»*, cuestiones a las que se hace referencia en el art. 12 del Reglamento como motivos de denegación de la orden europea de producción.

En consecuencia, esta carencia puede afectar a la eficacia del instrumento, ya que la autoridad judicial de emisión no conocerá las normas sobre estos aspectos que operan en el Estado de ejecución, que pueden ser muy diversas de las que rigen en el Estado de emisión. Preocupa en particular la cuestión relativa a la obtención de datos de contenido que podrían afectar al «privilegio» del secreto de comunicaciones entre abogados y sus clientes.

5. No existe en la UE un marco armonizado de conservación de datos por los PSI con fines policiales o de investigación.

Si bien los plazos máximos de conservación de los datos por los PSI están en cierta medida limitados por la ya referida normativa UE y jurisprudencia del TJUE, y correlativamente por los PSI a la vista de las respectivas legislaciones nacionales aplicables en el territorio de implantación, sigue habiendo muchas diferencias entre esos plazos de conservación de los distintos tipos de datos, por lo que cuando las autoridades nacionales solicitan datos a los PSI en el marco de una investigación, no pueden saber de antemano si esos datos se siguen conservando, o no. Dependerá de cada uno de los PSI a que se estén dirigiendo.

Por lo tanto, puede que se estén pidiendo datos que los PSI ya han tenido que borrar o eliminar en cumplimiento de las normas que les vinculan, y entonces todo el trabajo realizado para preparar y transmitir el EPOC habrá sido en vano.

Este problema de la «*Lack of EU-Wide data retention framework for law enforcement purposes*» ha sido reiteradamente puesto de relieve por los operadores jurídicos, por las autoridades de investigación y también por los propios PSI[20].

Tampoco se ha aprovechado para concretar esta cuestión el recientemente aprobado Reglamento UE 2023/2854 del Parlamento Europeo y del Consejo, de 13 de diciembre de 2023, sobre normas armonizadas para un acceso justo a los datos y su utilización, y por el que se modifican el Reglamento UE 2017/2394 y la Directiva UE 2020/1828 —Reglamento de Datos—.

6. Falta en el Reglamento una referencia a que también las víctimas pueden solicitar a la autoridad competente la emisión del EPOC/EPOC-PR.

Confiamos en que los ordenamientos nacionales que facultan a las víctimas para proponer medidas de investigación y prueba incluyan esta previsión en sus respectivas legislaciones cuando incorporen el «paquete *e-evidence*».

Desde luego, el legislador español deberá hacerlo, pues reconoce expresamente el derecho de las víctimas a ejercitar la acción penal derivada del delito, con todo lo que ello conlleva.

20. *Vid*. Informe SIRIUS 2023, esp. pp. 8 y 9.

7. Según el articulado del Reglamento 2023/1543, finalmente no operará el «principio de especialidad» en relación con la obtención y uso de pruebas consistentes en datos almacenados por los PSI.

Tal carencia de la Propuesta de Reglamento de 2018 ya fue puesta de manifiesto por la Comisión LIBE del Parlamento europeo en el referido Informe de 2020, y con toda contundencia ésta propuso que se introdujeran limitaciones al posible uso *ad extra* de la información electrónica obtenida con el EPOC, de tal manera que, como regla general[21], no se pudieran transferir ni usar esos datos en procedimientos distintos de aquel para el que se cursó el concreto certificado.

Sin embargo, de la lectura del escueto apartado 5º del art. 18 del Reglamento finalmente aprobado, hemos de deducir que sí será posible transmitir a cualesquiera otro Estado miembro las pruebas electrónicas que reciba la autoridad del Estado de emisión del EPOC, aunque no se nos indica con qué presupuestos o condiciones. Además, si se puede transferir la información recibida a las autoridades de otros Estados, habrá que suponer que también podrá emplearse en otras causas distintas que se sustancien en el mismo Estado de emisión.

A nuestro juicio, al igual que Eurojust y la Red Judicial Europea vienen recomendando en el ámbito de la OEI a modo de «buenas prácticas», para evitar problemas ulteriores en relación con la validez de las pruebas transferidas, es recomendable también que la autoridad competente del Estado que emite el EPOC curse una petición separada y reciba la correspondiente autorización del PSI o de la autoridad del Estado de ejecución antes de permitir usar esas pruebas con fines distintos a los que constan en el EPOC inicialmente transmitido.

En todo caso, a falta de norma UE armonizadora en este punto, es muy posible que acabemos viendo soluciones bastante dispares, lo que desde luego no favorece la seguridad jurídica, ni la eficacia de la cooperación transfronteriza.

8. Se detectan algunos déficits en la concreción de las «vías de recurso efectivas» que se podrán ejercitar ante los órganos jurisdiccionales competentes. Estas cuestiones deberán definirse con más precisión en las respectivas legislaciones nacionales y confiamos en que se haga de manera homogénea.

21. Al margen quedarían situaciones en que hay amenazas inminentes para la vida o integridad física de personas, o riesgo de interrupción o destrucción de infraestructuras críticas.

Según dispone el Reglamento que nos ocupa en el apartado 2º del art. 18 y teniendo en cuenta también lo que explica el Considerando 80º, *toda persona* cuyos datos se soliciten a un PSI por medio de una orden de producción tendrá derecho a las «*vías de recurso efectivas*» contra el EPOC, que se podrán ejercitar ante un órgano jurisdiccional del Estado emisor y de conformidad con su Derecho nacional.

No queda claro en este punto si también los afectados por la orden que no fueran investigados ni acusados tendrían que personarse necesariamente en el proceso penal que se sigue en el Estado de emisión para poder impugnar el EPOC que les afecta y que, a su juicio, no cumple con los requisitos normativos. Desde luego, esta solución conllevaría para ellos unas dificultades muy notables.

Además, respecto de las «*garantías de los derechos fundamentales en el Estado de ejecución*» a que también se refiere el citado art. 18 apdo. 2º, hemos de suponer que incluiría la posibilidad de que, tanto investigado y acusados, como otros afectados, pudieran solicitar a la autoridad competente del Estado de ejecución que verificasen si se ha producido alguna vulneración de derechos fundamentales por el PSI en el cumplimiento —o incumplimiento— de la orden recibida, principalmente en relación con protección de datos personales, inmunidades y privilegios, libertad de prensa o de expresión, legalidad y proporcionalidad de la actuación.

El Reglamento es demasiado escueto en este punto tan relevante para la defensa del derecho fundamental a la tutela judicial efectiva, así que deberá ser precisado en las respectivas legislaciones nacionales, aunque mucho nos tememos que pueda haber discrepancias notables.

9. Es necesario empezar a armonizar normativamente las garantías esenciales que han de operar en la obtención, admisibilidad y valoración de las pruebas transfronterizas obtenidas a través de estas órdenes.

El legislador UE ha vuelto a pasar de puntillas por esta trascedente cuestión. Solo indica en el art. 18 apdo. 5º del Reglamento que se deberán respetar los derechos de defensa y de equidad del proceso al valorar las pruebas que se obtengan a través de la orden europea de producción.

Sin duda esta falta de concreción es una debilidad del nuevo sistema de obtención transfronteriza de información electrónica, que puede afectar a la eficacia de la cooperación y a la propia tutela de los derechos de investigados, de acusados y también de las víctimas.

Ser sujeto de un proceso penal en el que se cuenta con elementos transfronterizos no debería afectar negativamente al derecho de defensa, ni diluir las garantías procesales de los sospechosos o acusados.

10. La encriptación o cifrado de los datos que se reciben puede hacer que el EPOC resulte en último término ineficaz.

Indica el Considerando 20º del Reglamento que los datos que soliciten serán entregados por el PSI «*con independencia de que estén cifrados o no*», y que no se establece «*ninguna obligación de descifrar los datos para los prestadores de servicios*».

Por tanto, los datos se entregarán a las autoridades nacionales que emitan el EPOC tal y como los tenga almacenados el PSI. Es más, en no pocas ocasiones el propio PSI no tendrá las claves de desencriptación de los datos que almacena, que solo conocerá el usuario, por lo que, si éste no colabora, las respectivas autoridades nacionales expertas en la materia tendrán que tratar de acceder a la información que se necesite haciendo uso de los sistemas de descifrado o desencriptación que pudieran tener a su alcance. Lamentablemente no siempre darán los resultados deseados, sobre todo si se necesita acceder a datos de contenido o a información sobre almacenamiento de criptomonedas, por lo que en último término la eficacia de la cooperación se verá frustrada.

11. Necesaria entrada en funcionamiento del sistema informático descentralizado para la transmisión de datos de manera rápida y segura.

Según destaca el citado Informe SIRIUS 2023, uno de los problemas más relevantes en la actualidad para los PSI es la autenticación de las solicitudes que reciben[22]. Es por tanto absolutamente imprescindible contar con un canal seguro de comunicación entre los PSI y las autoridades competentes para que el «paquete *e-evidence*» funcione eficazmente, que habrá de ser rápido, interoperable y fiable.

El art. 34 apdo. 2º indica que su uso será obligatorio para las comunicaciones que se produzcan en aplicación de este Reglamento a partir de un año a contar desde el momento en que la Comisión haya puesto en marcha las medidas necesarias para el efectivo establecimiento y utilización del sistema informático descentralizado. Hasta entonces, durante el llamado «período transitorio» al que se refiere el art. 24 del Reglamento, las comunicaciones

22. *Vid.* pp. 9, 12 y 24.

se realizarán «*por los medios alternativos más adecuados*», que sean igualmente rápidos y seguros.

Mucho nos tememos que ese período transitorio pueda alargarse más de lo deseable y que todavía tardemos bastantes años en ver funcionando esta forma descentralizada de comunicación segura, a pesar de ser un elemento fundamental en el nuevo sistema de cooperación transfronteriza que se implanta con el «paquete *e-evidence*», circunstancia esta que desde luego que no favorecerá su eficacia.

12. Riesgo de saturación del órgano jurisdiccional competente en el Estado de ejecución.

Si uno o varios importantes proveedores de servicios designaran su representante o establecimiento a los efectos de cumplir con las obligaciones de la Directiva y el Reglamento en una determinada ciudad de un Estado de la Unión, —v.gr.: varios coincidiendo en Dublín[23] o uno muy importante en Málaga[24]—, el órgano jurisdiccional que fuera competente para hacer efectivo el «mecanismo de notificación», o para resolver los recursos que se pudieran plantear en ese Estado de ejecución, podría verse desbordado por los cientos o miles de expedientes sobre órdenes de producción y/o de conservación que tendría que atender y resolver.

Por lo tanto, corresponderá a los legisladores nacionales estar atentos a esas circunstancias, de tal manera que, cuando atribuyan en sus respectivas legislaciones orgánicas la competencia a un determinado juzgado o tribunal de su Estado para dar cumplimiento al «mecanismo de notificación», o para la resolución de recursos, tengan bien en cuenta qué importantes proveedores de servicios se espera estén representados o establecidos en su país y, en lo posible, en qué ciudad, de manera que la planta judicial se acomode a tales circunstancias y se puedan atender razonablemente las obligaciones que se derivan del «paquete *e-evidence*» en el corto espacio de tiempo de que van a disponer para resolver.

13. ¿Podrán los PSI cumplir con todas las solicitudes que reciban dentro de los estrictos plazos previstos en el Reglamento?

23. Actualmente en Dublín está la sede europea de Google, y concretamente su «centro de datos»; la sede europea de Apple está en Cork, también en Irlanda.
24. Desde noviembre de 2023 «Google Cloud» tiene su sede en Málaga.

Los PSI tendrán que dar respuesta a las órdenes de producción que reciban en un máximo de 10 días tras la recepción del EPOC, o de 8 horas en caso de urgencia.

Como venimos reiterando, los representantes o establecimientos designados por los proveedores de servicios al menos en un Estado miembro recibirán cientos o miles de peticiones; algunas serán sencillas, pero otras requerirán una respuesta o un cumplimiento complejo, y probablemente otras deberán ser rechazadas, con la correspondiente motivación.

Podemos suponer que las empresas proveedoras de servicios más grandes tendrán más personal y medios dedicados a estos fines, pero también recibirán muchas más peticiones que las pequeñas, quienes seguramente contarán con menos personal disponible en estas funciones.

En definitiva, para que el nuevo sistema funcione globalmente, también los PSI tendrán que asignar suficientes recursos personales y materiales que les permitan poder cumplir en tiempo y forma con estas obligaciones que les impone el «paquete *e-evidence*».

14. Es una amenaza para la eficacia del nuevo sistema que se implanta con el «paquete *e-evidence*» el uso que se pueda hacer la llamada *«obligación de reexamen»* en caso de obligaciones en conflicto con el Derecho aplicable de un tercer país. Tendremos que estar atentos a la invocación por los PSI de *«objeciones motivadas»* y, en general, a la aplicación del *«procedimiento de reexamen»* del art. 17 del Reglamento.

Hasta que no se firme el «acuerdo ejecutivo» que se está negociando entre los Estados Unidos y la Unión Europea, y/o sea aplicable el 2º Protocolo Adicional al Convenio de Budapest, del que también participa EE.UU., los PSI destinatarios de EPOCs que tienen su sede precisamente en EE.UU. tendrán que resolver los conflictos que se les pueda plantear al tener que ejecutar esas órdenes europeas, al tiempo que deberán considerar la legislación del país donde se encuentra su sede, que también les vincula.

Tengamos en cuenta que importantes proveedores de servicios *online,* de comunicaciones y de almacenamiento de datos principalmente, están radicados precisamente en el territorio de los Estados Unidos y, aunque deberán tener establecimiento o representación al menos en un Estado UE donde prestan servicios y cumplir allí con los certificados que reciban, estas corporaciones seguirán vinculadas también por la legislación estadounidense; en particular, en este momento, por la *CLOUD Act*, en los términos *supra* expuestos.

En tales casos en que el PSI destinatario del EPOC considere que la ejecución de la orden de entrega de datos cursada por una autoridad europea competente entra en conflicto con otra u otras obligaciones jurídicas que le impone el ordenamiento de otro tercer Estado, deberá informar a la autoridad emisora y también a la de ejecución de los motivos para no ejecutar el EPOC y planteará una «*objeción motivada*» que será resuelta a través del ya explicado «*procedimiento de reexamen*» del art. 17 del Reglamento.

Veremos si finalmente estas previsiones normativas no acaban siendo una amenaza real para la efectividad del nuevo sistema de obtención transfronteriza de información electrónica.

XVII.3. VALORACIONES FINALES

Como ya destacara ZIMMERMANN[25] en su día al hilo de la aprobación de la normativa europea sobre la Orden Europea de Investigación, por muy críticos que se muestren algunos con la europeización de la justicia penal, en ocasiones con razón, es obvio que las normas que finalmente se aprueban por las instituciones europeas son derecho aplicable. En consecuencia, oponerse a ellas de manera frontal o empeñarse en destacar solo sus deficiencias, ayuda bien poco.

Llegados al punto en que nos encontramos hoy, en el que, no nos olvidemos, la cooperación voluntaria directa entre autoridades y proveedores de servicios es un hecho indiscutible[26], a nuestro juicio será preferible aprovechar las ventajas que puede ofrecer la regulación del nuevo sistema de obtención transfronteriza de información electrónica, tratar de maximizar la efectividad de todas las garantías procesales previstas en el propio texto normativo y estar atentos a la forma incorporación del «paquete *e-evidence*» en los ordenamientos nacionales.

En el análisis de esta materia tan compleja nos volvemos a situar en el núcleo del constante debate con el que se pretende encontrar el mejor equilibrio posible —que nunca será perfecto— entre eficacia en la investigación

25. «Die Europäische Ermittlungsanordnung: Schreckgespenst oder Zukunftsmodell für grenzüberschreitende Strafverfahren?», *ZStW*, 2015, pp. 143 y ss., esp. p. 144.
26. Recordemos el citado Informe SIRIUS 2023, pp. 8 y 9: La cooperación voluntaria directa entre las fuerzas de seguridad y los proveedores de servicios se ha convertido en la solución preferida para la obtención de datos que no son de contenido, aunque sigue careciendo de claridad jurídica para las partes implicadas. El nuevo paquete *e-evidence* está llamado a disipar las ambigüedades que rodean los canales de cooperación voluntaria.

y prueba de los hechos delictivos, y protección de los distintos derechos que pudieran verse afectados en el curso del proceso penal. En definitiva, un claro ejemplo de *Spannungsfeld* —campo en continua tensión— al que tantas veces se ha referido ROXIN[27].

No podemos negar la evidencia de que es preciso contar con instrumentos normativos actualizados que permitan a las autoridades competentes luchar contra la criminalidad que menoscaba nuestros derechos y libertades, también contra la que tiene elementos transfronterizos, empleando las herramientas más modernas y eficaces a su alcance; al mismo tiempo, pretenderemos que no se vean erosionadas las garantías procesales y otros derechos fundamentales en juego.

De antemano parece imposible «cuadrar el círculo», encontrar ese punto de justo equilibrio perfecto. Incluso aunque normativamente nos pudiéramos aproximar a él, es seguro que la práctica nos llevará por caminos que no eran previsibles, pues la tecnología progresa a un ritmo vertiginoso, imposible de seguir por el legislador, aunque sí por los delincuentes. En todo caso los operadores deberán resolver los problemas que se vayan encontrando de la mejor manera posible, siguiendo las pautas previstas en la norma —importante principio de legalidad, en ocasiones desvirtuado...—, y aplicando los principios y garantías procesales esenciales, entre los que desde luego se cuentan los derechos de defensa y contradicción, a una actividad probatoria lícita, o la garantía jurisdiccional ante la injerencia en los derechos y libertades, que siempre deberá atender al principio de proporcionalidad.

Podemos concluir por todas las razones expuestas que el «paquete *e-evidence*» conllevará un progreso notable en la materia. Los textos finalmente adoptados, tras largos e intensos debates, permitirán una mejora respecto de la situación actual en materia de obtención transfronteriza de información electrónica. Ganaremos además en seguridad jurídica, aunque surgirán dificultades, también por la propia complejidad y limitaciones de la normativa aprobada.

Hay tiempo aún por delante para ir viendo la concreta transposición que se haga del «paquete *e-evidence*» en los respectivos ordenamientos nacionales. A continuación deberemos evaluar su efectiva aplicación en la práctica: analizaremos en qué tipo de causas y cómo se emplea el nuevo instrumento de cooperación por parte de las autoridades de emisión, qué respuestas

27. Así, entre otros, en su trabajo «Das strafrechtliche Unrecht im Spannungsfeld von Rechtsgüterschutz und individueller Freiheit», *ZStW*, 116 (2004), Heft 4, pp. 929 y ss.

se van obteniendo de los respectivos PSI que reciben las órdenes, en qué medida se involucra —o no— a las autoridades del Estado de ejecución a través del *«mecanismo de notificación»*[28] o de la previsión contenida en el art. 10 apdo. 5º[29], y qué función de control están dispuestas a ejercer —o no— esas mismas autoridades.

Sin duda la disponibilidad de suficientes medios materiales y personales será fundamental para lograr un correcto funcionamiento del nuevo sistema de obtención transfronteriza de información electrónica. La puntual y plena implementación del *«sistema informático de transmisión segura»* es también decisiva para garantizar la seguridad de la información remitida y transmitida.

Tal vez las cuestiones que a lo largo de este trabajo se han ido poniendo de relieve como posibles deficiencias, debilidades o amenazas del sistema finalmente adoptado, no lleguen ser tan relevantes como se puede temer tras la lectura del paquete normativo aprobado, porque las autoridades competentes, los operadores jurídicos y los propios PSI logren solventar satisfactoriamente los problemas y dificultades que se vayan manifestando. En todo caso, siempre será posible corregir los fallos que se produzcan, al tiempo que se podrán aprovechar, o incluso mejorar, todas las fortalezas y oportunidades que ofrece el instrumento, que son muchas.

Tendremos que estar pendientes también de la entrada en vigor el 2º Protocolo adicional al Convenio de Budapest y del posible Acuerdo ejecutivo EEUU-UE; veremos entonces cómo afectan estos instrumentos internacionales a la obtención transfronteriza de información electrónica y si las autoridades competentes optan por el empleo de uno u otros, dependiendo de los presupuestos normativos y de las concretas circunstancias del caso.

De ahí la importancia de que todas las autoridades encargadas de la investigación y del enjuiciamiento de hechos delictivos, los abogados que ejercen la acusación y a la defensa, así como los responsables de la cooperación dentro de los propios PSI, conozcan bien todos estos instrumentos,

28. Será fundamental ver qué interpretación se hace en la práctica de las previsiones contenidas en el apdo. 2º del art. 8 del Reglamento, en el sentido de entender que la causa se encuentra vinculada «sólida y sustancialmente al Estado emisor», lo que haría innecesaria la notificación a la autoridad del Estado de ejecución, incluso si se solicitaron datos de tráfico o de contenido.
29. Incluso cuando no haya operado el «mecanismo de notificación», el PSI deberá advertir también a la autoridad del Estado de ejecución de que con el cumplimiento del EPOC se pueden afectar inmunidades, privilegios o concretas libertades personales.

sus respectivas utilidades o limitaciones de uso, y de que se comiencen a preparar cuanto antes para poder aplicar esta normativa en tiempo y forma.

Finalmente, hemos de confiar además en que los respectivos legisladores nacionales hagan bien su trabajo, es decir, que empleen la mejor técnica legislativa para incorporar la Directiva y todo aquello que sea preciso concretar del texto del Reglamento a nivel interno. En definitiva, que no hagan uso de la nefasta «técnica espejo» a la que lamentablemente nos tiene acostumbrados en la transposición de la normativa UE, y que sean capaces de articular normas racionales[30] con la imprescindible seguridad jurídica que ha de caracterizar a todo Estado de Derecho.

30. Sin un mínimo de racionalidad legislativa no es posible hablar de racionalidad de la argumentación jurídica. Siempre valiosa en este punto la obra de Manuel ATIENZA, véase entre otros trabajos: «Contribución para una teoría de la legislación», *DOXA: Cuadernos de Filosofía del Derecho*, núm. 6, 1989, pp. 385 y ss., esp. p. 402.

XVIII

Bibliografía

AA.VV.: Committee to Protect Journalists (CPJ), Council of Bars and Law Societies of Europe (CCBE), Association of the Internet Industry, European Digital Rights (EDRi), European Federation of Journalists (EFJ): *Plenary vote on the «e-evidence package». Regulation and Directive on «European production and preservation orders for electronic evidence in criminal matters» and «legal representatives»*, Bruselas 12 junio 2023, acccesible en: https://www.cpme.eu/api/documents/adopted/2023/06/Joint-Letter-Plenary-Vote-E-evidence-13-June-2023.pdf. Último acceso, 15-3-2024.

AGUILERA MORALES, M.E.: «La implementación de la orden europea de investigación», en *La cooperación procesal internacional en la sociedad del conocimiento*, Dir.: Bueno de Mata, F., Atelier, Barcelona, 2019, pp. 457 y ss.

AMBOS, K.: «Desarrollos y adaptaciones del principio de reconocimiento mutuo. Reflexiones sobre los orígenes de la orden europea de investigación con vistas a una comprensión práctica del principio de reconocimiento mutuo», en *Estudios procesales sobre el espacio europeo de justicia penal*, Dir.: M. Llorente Sánchez-Arjona, Aranzadi, Cizur Menor, 2021, pp. 141-169.

ARANGÜENA FANEGO, C.: «Orden europea de investigación: próxima implementación en España del nuevo instrumento de obtención de prueba penal transfronteriza», *Revista de Derecho Comunitario Europeo*, núm. 58, 2017, pp. 905-939.

ARANGÜENA FANEGO, C.: «Nuevos pasos contra el terrorismo en la UE: Reglamento (UE) 2021/784 y las órdenes de retirada de contenidos terroristas en línea», *Revista de Estudios Europeos*, núm. 1 extra, 2023, pp. 68 y ss.

ARANGÜENA FANEGO, C. y DE HOYOS SANCHO, M. (Dirs.): *Garantías procesales de investigados y acusados. Situación actual en el ámbito de la Unión Europea*. Tirant lo Blanch, Valencia, 2018.

ARANGÜENA FANEGO, C. y DE HOYOS SANCHO, M. (Dirs.): *Garantías procesales de investigados y acusados en los procesos penales en la Unión Europea. Buenas prácticas en España*, Aranzadi, Cizur Menor, 2020.

ARANGÜENA FANEGO, C. y DE HOYOS SANCHO, M. (Dirs.): *Procedural Safeguards for Suspects and Accused Persons in Criminal Proceedings. Good Practices throughout the European Union*, Springer, Heidelberg, 2021.

ARANGÜENA, C., DE HOYOS, M., PILLADO, E. (Dirs.): *El proceso penal ante una nueva realidad tecnológica europea*, Aranzadi, Cizur Menor, 2023. Accesible en abierto en: https://dialnet.unirioja.es/servlet/autor?-codigo=4183340

ARMENTA DEU, T.: *La prueba ilícita. Un estudio comparado, 2ª Ed., Marcial Pons, Madrid, 2011.*

ATIENZA, M.: «Contribución para una teoría de la legislación», *DOXA: Cuadernos de Filosofía del Derecho*, núm. 6, 1989, pp. 385 y ss.

BACHMAIER WINTER, L.: «Mutual Admissibility of Evidence and Electronic Evidence in the EU», *EUCrim*, 2023/2, pp. 223-229.

BACHMAIER WINTER, L. y MARTÍNEZ SANTOS, A. (Dirs.): *Asistencia letrada, confidencialidad abogado-cliente y proceso penal en la sociedad digital. Estudio de Derecho comparado*. Marcial Pons, Madrid, 2021.

BACHMAIER WINTER, L. y SALIMI, F.: *ELI Proposal for a Directive of the European Parliament and the Council on Mutual Admissibility of Evidence and Electronic Evidence in Criminal Proceedings.* European Law Institute, Viena, 2023.Accesible en: https://www.europeanlawinstitute.eu/fileadmin/user_upload/p_eli/Publications/ELI_Proposal_for_a_Directive_on_Mutual_Admissibility_of_Evidence_and_Electronic_Evidence_in_Criminal_Proceedings_in_the_EU.pdf. Último acceso: 15-3-2024.

BACHMAIER WINTER, L. y RUGGERI, S.: *Investigating and Preventing Crime in the Digital Era*, Springer, Heidelberg, 2022.

BAHAMONDE BLANCO, M.: «Segundo Protocolo Adicional al Convenio de Budapest: Nuevos medios para la cooperación penal y la obtención de prueba electrónica», *La Ley Penal*, núm. 157, julio-agosto 2022.

BÖSE, M.: «Der Kommissionsvorschlag zum transnationalen Zugriff auf elektronische Beweismittel. Rückzug des Staates aus der Rechtshilfe?», *Kriminalpolitische Zeitung*, 3/2019, pp. 140 y ss.

BUENO DE MATA, F.: «Análisis de las medidas de cooperación judicial internacional para la obtención transfronteriza de pruebas en materia de cibercrimen», en *La transformación digital de la cooperación jurídica penal internacional*, Dir.: L. Fontestad, Aranzadi, Cizur Menor, 2021.

BUJOSA VADELL, L.: «Cooperación judicial para la obtención y transmisión de pruebas electrónicas», en *A vueltas con la transformación digital de la cooperación jurídico penal internacional*, Dir.: L. Fontestad, Aranzadi, Cizur Menor, 2022, pp. 79 y ss.

BURCHARD, Ch.: «Der grenzüberschreitende Zugriff auf Clouddaten im Lichte der Fundamental prinzipien der internationalen Zusammenarbeit in Strafsachen», Partes 1 y 2, respectivamente en *Zeitschrift für die gesamte Strafrechtswissenschaft*, 6/2018, pp. 190 y ss., y *Zeitschrift für die gesamte Strafrechtswissenschaft* 7-8/2018, pp. 249 y ss.

BUENO DE MATA, F.: *Investigación y prueba de delitos de odio en las redes sociales*, Tirant lo Blanch, Valencia, 2023.

CAIANIELLO, M. y CAMON, A.: *Digital Forensic Evidence. Towards Common European Standards in Antifraud Administrative and Criminal Investigations*, Cedam, Milano, 2021.

CARRERA, S., STEFAN, M. y MITSILEGAS, V. (Coords.): Informe presentado en octubre 2020 por el CEPS-QMUL *Task Force*, Centre for European Policy y Queen Mary University of London, *Cross-border data access in criminal proceedings and the future of digital justice. Navigating the current legal framework and exploring ways forward within the EU and across the Atlantic*. Último acceso 15.3.2024: https://www.ceps.eu/wp-content/uploads/2020/10/TFR-Cross-Border-Data-Access.pdf

COLOMER HERNÁNDEZ, I. (Dir.): *Cesión de datos personales y evidencias entre procesos penales y procedimientos administrativos sancionadores o tributarios*, Aranzadi, Cizur Menor, 2017.

COLOMER HERNÁNDEZ, I. (Dir.): *Uso de la información y de los datos personales en los procesos*, Aranzadi, Cizur Menor, 2022.

COMISIÓN EUROPEA: *Recommendation for a Council Decision authorising the opening of negotiations in view of an agreement between the European Union and the United States of America on cross-border access to electronic evidence for judicial cooperation in criminal matters*, COM (2019) 70 final, pp. 1 y ss., publicada en Bruselas el 5-2-2019.

COMISIÓN DE LIBERTADES CIVILES, JUSTICIA Y ASUNTOS DE INTERIOR —LIBE— del Parlamento europeo (2020). *Informe sobre la Propuesta de Reglamento del Parlamento europeo y del Consejo sobre las órdenes europeas de entrega y conservación de pruebas electrónicas a efectos de enjuiciamiento penal*, Ponente: Birgit Sippel, de 11.12.2020 (COM (2018)0225 —C8-0155/2018—2018/0108(COD).

COUNCIL OF BARS AND LAW SOCIETIES OF EUROPE —CCBE—: *Posición del CCBE sobre la Propuesta de Reglamento de la Comisión sobre las Órdenes europeas de entrega y conservación de pruebas electrónicas a efectos del enjuiciamiento penal*, de 19 de octubre de 2018. Accesible en: https://www.abogacia.es/wp-content/uploads/2019/03/Posicionamiento-sobre-ordenes-europeas-de-entrega-y-conservacion-de-pruebas-electronicas-a-efectos-de-enjuiciamiento-penal.pdf Último acceso: 15-3-2024.

COUNCIL OF BARS AND LAW SOCIETIES OF EUROPE —CCBE—: *Informe de evaluación de la CLOUD Act de EE.UU.*, publicado el 28 de febrero de 2019, y accesible en: https://www.abogacia.es/wp-content/uploads/2020/04/Evaluación-de-CCBE-sobre-la-CLOUD-Act-de-EE.UU_.-respecto-al-Derecho-de-la-UE.pdf. Último acceso: 15.3.2024.

CUADRADO SALINAS, C.: «La efectividad de las pruebas penales obtenidas en el marco de la futura normativa europea relativa a la obtención y conservación de pruebas electrónicas», *Revista General de Derecho Procesal*, núm. 55, 2021, pp. 1-22.

DANIELE, M.: «L'acquisizione delle prove digitali dai service provider: un preocupante cambio di paradigma nella cooperazione internazionale», *Rivista Brasileira de Direito Processual Penal*, 2019, pp. 1277-1295.

DE BUSSER, E.: «EU-US Digital Data Exchange to Combat Financial Crime: Fast is the New Slow», *German Law Journal*, Vol. 19, Issue 5, 2018, pp. 1251-1267. También disponible on-line en Cambridge University Press. Ultimo acceso 15-3-2024: https://www.cambridge.org/core/journals/german-law-journal/article/euus-digital-data-exchange-to-combat-financial-crime-fast-is-the-new-slow/1A05A28EA470721A61D58A16065B6EB2

DE HOYOS SANCHO, M.: *El ejercicio de la acción penal por las víctimas. Un estudio comparado*, Aranzadi, Cizur Menor, 2016.

DE HOYOS SANCHO, M.: «Reconocimiento y ejecución de la orden europea de investigación», en *Orden europea de investigación y prueba trans-*

fronteriza en la Unión Europea, Dir.: M.I. González Cano, Tirant lo Blanch, Valencia, 2016, pp. 593-631.

DE HOYOS SANCHO, M.: «Algunas dificultades y cuestiones pendientes en la cooperación judicial penal en el ámbito de la UE relativas a las garantías procesales», en *Integración europea y justicia penal*, Dir.: M.I. González Cano, Tirant lo Blanch, Valencia, 2018, pp. 89 y ss.

DE HOYOS SANCHO, M.: «La Orden Europea de Investigación: reflexiones sobre su potencial efectividad a la vista de los motivos de denegación del reconocimiento y ejecución en España», *Revista General de Derecho Procesal*, núm. 47, 2019, pp. 1-44.

DE HOYOS SANCHO, M.: «Reflexiones acerca de la propuesta de Reglamento UE sobre las órdenes europeas de entrega y conservación de pruebas electrónicas a efectos del enjuiciamiento penal», *Revista General de Derecho Procesal*, núm. 58, 2022, pp. 1 y ss.

DE HOYOS SANCHO, M.: «Novedades en materia de obtención transfronteriza de información electrónica necesaria para la investigación y enjuiciamiento penal en el ámbito europeo», *Revista de Estudios Europeos*, 1-2023, pp. 99 y ss.

DE HOYOS SANCHO, M. y GUERRERO PALOMARES, S.: «Directiva 2016/343, de 9 de marzo, por la que se refuerzan en el proceso penal determinados aspectos de la presunción de inocencia», en *Garantías procesales de investigados y acusados. Situación actual en el ámbito de la Unión Europea*, Dirs.: C. Arangüena y M. de Hoyos, Tirant lo Blanch, Valencia, 2018, pp. 93 y ss.

DELGADO MARTÍN, J.: «Presente y futuro de la prueba digital internacional. El Segundo Protocolo Adicional del Convenio de Budapest contra la cibercriminalidad», *Diario La Ley, de 24 de mayo de 2022.*

DOMINGUEZ RUIZ, L.: *La orden europea de investigación*, Tirant lo Blanch, Valencia, 2019.

DOMÍNGUEZ RUIZ, L.: «Obtención de prueba penal transfronteriza en la UE: la orden europea de investigación», en *Proceso penal europeo: últimas tendencias, análisis y perspectivas*, Dirs.: A. Hernández y E. Laro, Cizur Menor, Aranzadi, 2023, pp. 177 y ss.

ELLERBROCK, T. y HARTMANN, L.: «Die Fernwirkung des öffentlich-rechtlichen Reaktionsrechts auf die strafprozessualen

Beweisverwertungsverbote», *Zeitschrift für die gesamte Strafrechtswissenschaft*, 2022, 134 (3), pp. 708-746.

ESPINA RAMOS, J.A.: «Mecanismos futuros de cooperación», en *Tratamiento integral del cibercrimen*. Formación a Distancia, CGPJ, 2022, pp. 637-647.

EUROJUST Y RED JUDICIAL EUROPEA: *Nota conjunta sobre la aplicación práctica de la Orden Europea de Investigación. Publicada en junio 2019. Accesible en: https://www.eurojust.europa.eu/sites/default/files/Publications/Reports/2019-06-Joint_Note_EJ-EJN_practical_application_EIO_ES.pdf.* Último acceso: 15-3-2024.

FAGGIANI, V.: «Indici di violazione dell'indipendenza giudiziaria nell'UE da Est a Ovest: l'importanza degli standard di Strasburgo e Lussemburgo», *Studi sull'integrazione europea, núm.* 2/2023, pp. 283-312.

FAIR TRIALS: *Position Paper: The new proposed EU Production and Preservation Orders, mayo 2018.* Accesible en: https://www.fairtrials.org/articles/legal-analysis/new-eu-laws-on-e-evidence-are-being-negotiated-but-what-about-human-rights/ Último acceso 15-3-2024.

FAIR TRIALS: *Consultation Paper: E-evidence Position Paper*, febrero 2019. Accesible en: https://www.fairtrials.org/app/uploads/2022/02/E-evidence-position-paper-February-2019.pdf. Último acceso 15-3-2024.

FUENTES SORIANO, O.: «Europa ante el reto de la prueba digital. El establecimiento de instrumentos probatorios comunes: las órdenes europeas de entrega y conservación de pruebas electrónicas», en *Era digital, sociedad y derecho*. Dir.: O. Fuentes Soriano, Tirant lo Blanch, Valencia, 2020, pp. 281-320.

FUENTES SORIANO, O.: «Prueba penal transfronteriza: la normativa e-evidence como complemento de la Orden europea de investigación», en *Hacia un Derecho Procesal Europeo*, Dirs.: C. Arangüena, C. y M. de Hoyos, Atelier, Barcelona, 2024, en prensa.

GARRIDO CARRILLO, F.J.: «Insuficiencias y limitaciones de la Orden Europea de Investigación», *Revista de Estudios Europeos,* núm. 1, 2019, pp. 206-224.

GASCÓN INCHAUSTI, F.: «La eficacia de las pruebas penales obtenidas en el extranjero al amparo del régimen convencional: apogeo y declive del principio de no indagación», en *Orden europea de investigación y prue-*

ba transfronteriza en la Unión Europea, Dir.: M.I. González Cano, Tirant lo Blanch, Valencia, 2018, pp. 31 y ss.

GIALUZ, M. y DELLA TORRE, J.: «Lotta alla criminalità nel cyberspazio: la Commisione presenta due proposte per facilitare la circolazione delle prove elettroniche nei processi penali», *Diritto Penale Contemporaneo*, núm. 5, 2018, pp. 277-294.

GÓMEZ AMIGO, L.: «Las órdenes europeas de entrega y conservación de pruebas penales electrónicas», *Revista Española de Derecho Europeo*, núm. 71, 2019, pp. 23 y ss.

GUDÍN RODRÍGUEZ-MAGARIÑOS, A.E.: «El nuevo Protocolo del Convenio de Budapest de lucha contra la criminalidad», *Revista General de Derecho Procesal*, núm. 58, 2022, pp. 1 y ss.

GUERRERO PALOMARES, S.: «El principio de proporcionalidad en los principales instrumentos de cooperación judicial penal europeos: la OEDE y la OEI», en *A vueltas con la transformación digital de la cooperación jurídico penal internacional*, Dir.: L. Fontestad Portalés, Aranzadi, Cizur Menor, 2022, pp. 191 y ss.

GUERRERO PALOMARES, S.: *Tratado sobre la Fiscalía Europea y el procedimiento penal especial de la L.O. 9/2021, de 1 de julio*, Aranzadi, Cizur Menor, 2023.

HERNÁNDEZ WEISS, A.: «Effective protection of rights as a precondition to mutual recognition: Some thoughts on the CJEU's Gavanozov II decision», *New Journal of European Criminal Law*, vol. 0, 2022, pp. 1 y ss.

HERNÁNDEZ LÓPEZ, A.: «La aplicación del principio *ne bis in ídem* en la nueva jurisprudencia del TJUE sobre acumulación de sanciones administrativas y penales», *Revista de Estudios Europeos*, núm. 1, 2019, pp. 286 y ss.

HERNÁNDEZ LÓPEZ, A.: *Conflicts of Criminal Jurisdiction and Transfer of Proceedings in the EU*, Springer, Heidelberg, 2022.

HERNÁNDEZ LÓPEZ, A.: «La digitalización de la cooperación judicial en materia penal en la Unión Europea: propuestas y perspectivas legislativas», en *El proceso penal ante una nueva realidad tecnológica europea*, Dirs.: C. Arangüena, M. de Hoyos y E. Pillado, Aranzadi, Cizur Menor, 2023, pp. 281 y ss.

HERNÁNDEZ LÓPEZ, A.: «El procedimiento de entrega de Carles Puigdemont: estado actual y perspectivas», *Revista de Estudios Europeos*, núm. 1, 2023, pp. 279 y ss.

HERNANDEZ LÓPEZ, A. y LARO GONZÁLEZ, E. (Dirs.): *Proceso penal europeo: últimas tendencias, análisis y perspectivas*, Aranzadi, Cizur Menor, 2023.

JIMÉNEZ-VILLAREJO, F.: «Prólogo» a la obra *El proceso penal ante una nueva realidad tecnológica europea*, Dirs.: C. Arangüena, M. de Hoyos y E. Pillado, Aranzadi, Cizur Menor, 2023.

JIMENO BULNES, M.: «La prueba transfronteriza y su incorporación al proceso penal español», en *Orden europea de investigación y prueba transfronteriza en la Unión Europea*, Dir.: M.I. González Cano, Tirant lo Blanch, Valencia, 2019.

KOSTORIS, R.: *Processo penale e paradigmi europei*, Giappichelli, Torino, 2018.

LARO GONZÁLEZ, E.: «El Reglamento E-evidence: instrumento adicional a la Orden europea de investigación», *La Ley Probática*, núm. 3, 2021, pp. 1-30.

LARO GONZÁLEZ, E.: *La Orden Europea de Investigación en el espacio europeo de justicia*, Tirant lo Blanch, Valencia, 2021.

LARO GONZÁLEZ, E.: «Prueba penal transfronteriza: de la orden europea de investigación a las órdenes europeas de entrega y conservación de pruebas electrónicas», *Revista de Estudios Europeos*, núm. 79, 2022, pp. 285-303.

LARO GONZÁLEZ, E.: «El derecho al recurso en clave europea: el régimen previsto por la orden europea de investigación», en *Revista de la Asociación de Profesores de Derecho Procesal de las Universidades Españolas*, núm. 6, 2022, pp. 181 y ss.

LARO GONZÁLEZ, E.: «Luces y sombras de la Orden Europea de Investigación», *Revista de Estudios Europeos*, 1-2023, pp. 129 y ss.

LLORENTE SÁNCHEZ-ARJONA, M.: *La orden europea de investigación y su incorporación al ordenamiento español*, Tirant lo Blanch, Valencia, 2020.

MARTIN GARCÍA, A.L. y BUJOSA VADELL, L.: *La obtención de prueba en materia penal en la UE*, Atelier, Barcelona, 2016.

MARTÍN MARTÍN DE LA ESCALERA, A.: «Prueba digital. Marco normativo para la obtención de evidencias en la investigación de delitos cometidos a través de sistemas informáticos en la Unión Europea. Articulación y utilización de herramientas de investigación tecnológica», en *Marco normativo de la UE para la transformación digital*, Dir.: E. Velasco Núñez, La Ley, Madrid, 2023, pp. 283 y ss.

MARTÍNEZ SANTOS, A.: «Admisibilidad mutua de prueba penal transfronteriza en la Unión Europea: la propuesta de Directiva del European Law Institute», *Revista General de Derecho Procesal*, núm. 61, 2023, pp. 1-15.

MIRANDA ESTRAMPES, M.: *Prueba ilícita y regla de exclusión en el sistema estadounidense*, Marcial Pons, Madrid, 2019.

MITSILEGAS, V.: «The privatization of mutual trust in Europe's area of criminal Justice: The case of e-evidence», *Maastricht Journal of European and Comparative Law*, 2018, pp. 263-265.

MONTORO SÁNCHEZ, J.A.: *Uso y cesión de datos de carácter personal*, Aranzadi, Cizur Menor, 2022.

NAVAS BLÁNQUEZ, J.J.: «El embargo y decomiso de criptomonedas en el Espacio Judicial Europeo», en *Revista de Estudios Europeos*, núm. 1, 2023, pp. 349 y ss.

PLANCHADELL GARGALLO, A.: *La prueba prohibida. Evolución jurisprudencial*, Aranzadi, Cizur Menor, 2014.

RODRÍGUEZ LAÍNZ, J.L.: «La evolución de la jurisprudencia del TJUE en materia de conservación indiscriminada de comunicaciones electrónicas en la STJUE del Caso G.D. y Comissioner an Garda Síochána», *Diario La Ley*, 28 de abril de 2022, pp. 1 y ss.

RODRÍGUEZ-MEDEL NIETO, C.: *Obtención y admisibilidad en España de la Prueba Penal Transfronteriza. De las Comisiones Rogatorias a la Orden Europea de Investigación*, Aranzadi, Cizur Menor, 2016.

RODRÍGUEZ-MEDEL NIETO, C.: «Investigaciones transfronterizas de la Fiscalía Europea», en *Tratado sobre la Fiscalía Europea y el procedimiento penal especial de la L.O. 9/2021, de 1 de julio*, Dir.: S. Guerrero Palomares, Aranzadi, Cizur Menor, 2023.

ROXIN, C.: «Das strafrechtliche Unrecht im Spannungsfeld von Rechtsgüterschutz und individueller Freiheit», *Zeitschrift für die gesamte Strafrechtswissenschaft*, 116 (2004), Heft 4, pp. 929 y ss.

RUGGERI, S.: «El *ne bis in ídem* transnacional entre el principio de reconocimiento mutuo y las garantías del debido proceso. La lógica de la tolerancia y el respeto de la persona como motores de la integración europea», en *Hacia un Derecho Procesal Europeo*, Dirs.: C. Arangüena, C. y M. de Hoyos, Atelier, Barcelona, 2024, en prensa.

SIRIUS 2023: *5th. Annual Sirius EU Electronic Evidence Situation Report, elaborado por la European Union Agency for Law Enforcement Cooperation*, con la colaboración e Europol, Eurojust y European Judicial Network, publicado en La Haya en noviembre 2023. Accesible en: https://www.europol.europa.eu/media-press/newsroom/news/sirius-2023-report-navigating-new-era-of-obtaining-electronic-evidence Ultimo acceso: 15-3-2024.

SUPERVISOR EUROPEO DE PROTECCIÓN DE DATOS: *Dictamen sobre las propuestas relativas a las órdenes europeas de entrega y conservación de pruebas electrónicas a efectos de enjuiciamiento penal*, DOUE 31.1.2020, C 32/11.

TEJADA, E.: «Marco normativo frente a la ciberdelincuencia en la Unión Europea», en *Marco normativo de la UE para la transformación digital*, Dir.: E. Velasco Núñez, La Ley, Madrid, 2023, pp. 213 y ss.

TINOCO PASTRANA, A.: «Las órdenes europeas de entrega y conservación: la futura obtención transnacional de la prueba electrónica en los procesos penales en la Unión Europea», *Cuadernos de política criminal*, núm. 135, 2021, pp. 203-246.

TOPALNAKOS, P.: «Critical Issues in the New Regulation on Electronic Evidence in Criminal Proceedings», *EuCrim*, 2/2023, pp. 200 y ss.

TOSZA, S.: «All evidence is equal, but electronic evidence is more equal than any other: The relationship between the European Investigation Order and the European Production Order», *New Journal of European Criminal Law*, vol. II (2), 2020, pp. 161-183.

TOSZA, S.: «Internet service providers as law enforcers and adjudicators. A public role of private actors», *Computer Law & Security Review*, 43, 2021, pp. 1-17.

UNTCH, Ch.: «(Inter-) Nationale Strafverfolgung in der Cloud?», *Kriminalpolitische Zeitung*, 6/2022, pp. 420 y ss.

VELASCO NÚÑEZ, E.: «El Segundo Protocolo Adicional del Convenio de Budapest contra la cibercriminalidad», *Diario La Ley*, de 24 de mayo de 2022.

WILLEMS, A.: «The Court of Justice of the European Union's Mutual Trust Journey in EU Criminal Law: From a Presumption to (Room for) Rebuttal», *German Law Journal*, 20, 2019, pp. 468-495.

ZIMMERMANN, F.: «Die Europäische Ermittlungsanordnung: Schreckgespenst oder Zukunftsmodell für grenzüberschreitende Strafverfahren», *Zeitschrift für die gesamte Strafrechtswissenschaft*, 127 (1), 2015, pp. 143 y ss.

Guía de uso

¡ENHORABUENA!

ACABAS DE ADQUIRIR UNA OBRA QUE **INCLUYE LA VERSIÓN ELECTRÓNICA.**
APROVÉCHATE DE TODAS LAS FUNCIONALIDADES.

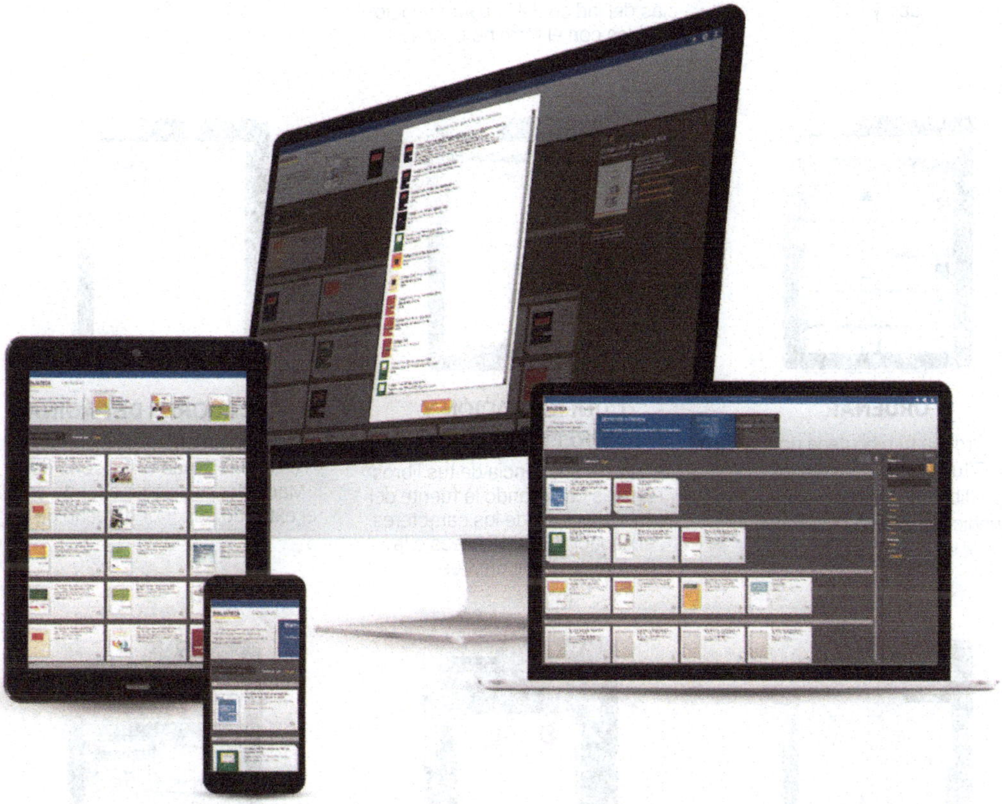

ACCESO INTERACTIVO A LOS MEJORES LIBROS JURÍDICOS

ARANZADI

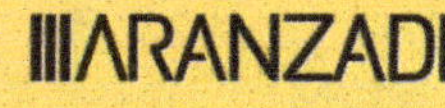

FUNCIONALIDADES

SELECCIONA Y DESTACA TEXTOS

Crea anotaciones y escoge los colores para organizar tus notas y subrayados.

USA EL TESAURO PARA ENCONTRAR INFORMACIÓN

Al comenzar a escribir un término, aparecerán las distintas coincidencias del índice del Tesauro relacionadas con el término buscado.

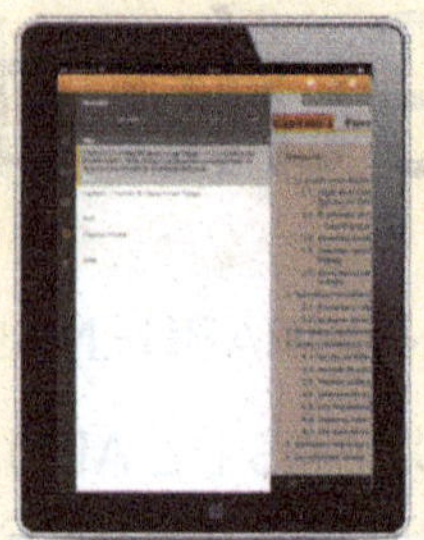

HISTÓRICO DE NAVEGACIÓN

Vuelve a las páginas por las que ya has navegado.

ORDENAR

Ordena tu biblioteca por:
Título (orden alfabético),
tipo (libros y revistas), editorial,
jurisdicción o área del Derecho.

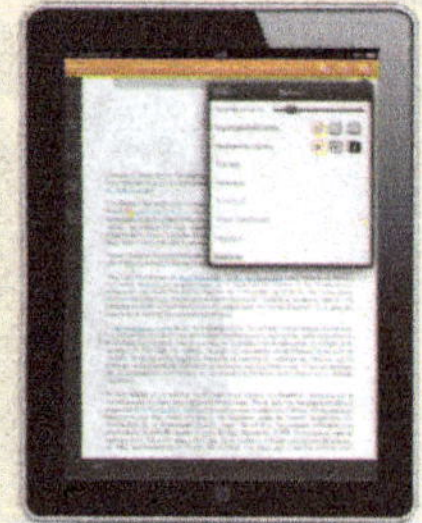

CONFIGURACIÓN Y PREFERENCIAS

Escoge la apariencia de tus libros y revistas cambiando la fuente del texto, el tamaño de los caracteres, el espaciado entre líneas o la relación de colores.

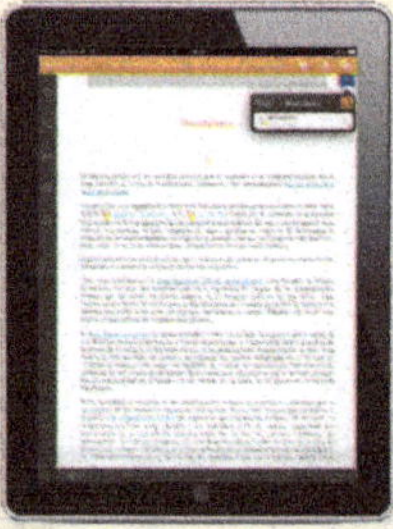

MARCADORES DE PÁGINA

Crea un marcador de página en el libro tocando en el icono de Marcador de página situado en el extremo superior derecho de la página.

BÚSQUEDA EN LA BIBLIOTECA

Busca en todos tus libros y obtén resultados con los libros y revistas donde los términos fueron encontrados y las veces que aparecen en cada obra.

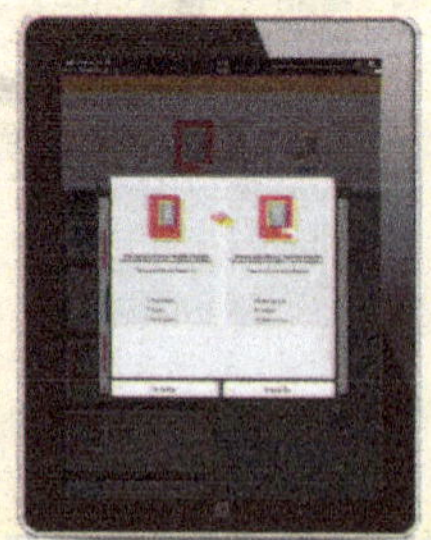

IMPORTACIÓN DE ANOTACIONES A UNA NUEVA EDICIÓN

Transfiere todas sus anotaciones y marcadores de manera automática a través de esta funcionalidad.

SUMARIO NAVEGABLE

Sumario con accesos directos al contenido.

INFORMACIÓN IMPORTANTE: Si has recibido previamente un correo electrónico deberás seguir los pasos que en él se detallan.

Estimado/a cliente/a,

Para acceder a la versión electrónica de este libro, por favor, accede a **http://onepass.aranzadi.es** Tras acceder a la página citada, introduce tu dirección de correo electrónico (*) y el código que encontrarás en el interior de la cubierta del libro.

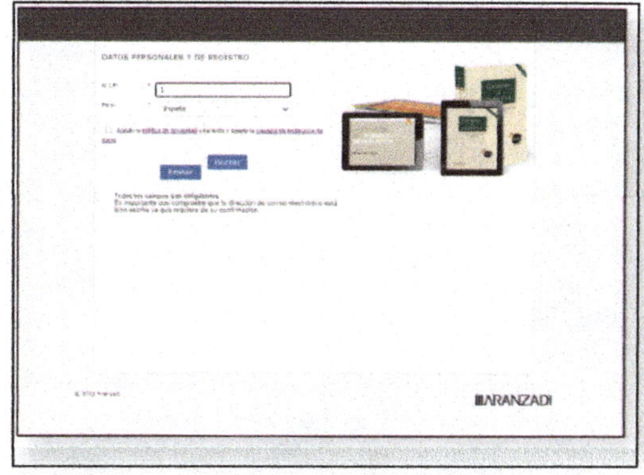

A continuación pulsa enviar.

Si te has registrado anteriormente en OnePass, en la siguiente pantalla se te pedirá que introduzcas el NIF asociado al correo electrónico.

Finalmente, te aparecerá un mensaje de confirmación y recibirás un correo electrónico confirmando la disponibilidad de la obra en tu biblioteca.

Si es la primera vez que te registras en **OnePass,** deberás cumplimentar los datos para crear tu cuenta y poder acceder a tu libro electrónico.

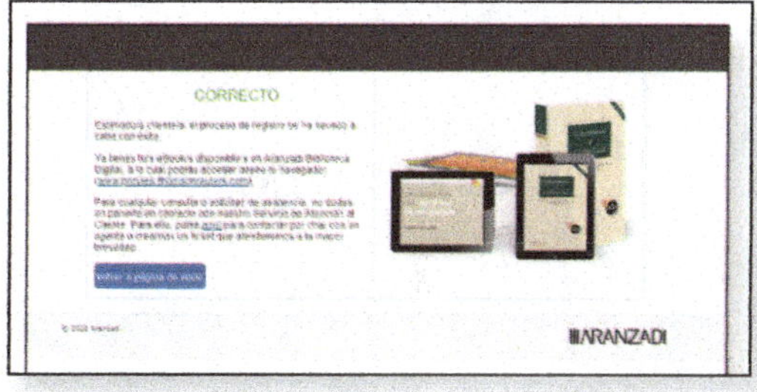

- Los campos **"Nombre de usuario"** y **"Contraseña"** son los datos que utilizarás para acceder a las obras que tienes disponibles a través del navegador en la ruta www.proview.thomsonreuters.com

Servicio de Atención al Cliente

Ante cualquier incidencia en el proceso de registro de la obra no dudes en ponerte en contacto con nuestro Servicio de Atención al Cliente. Para ello accede a nuestro Portal Corporativo y una vez allí en el apartado del Centro de Atención al Cliente selecciona la opción de Acceso a Soporte para no Suscriptores (compra de Publicaciones).